Alison Correia

O Sobe e Desce da Bolsa e da Vida

São Paulo
2017

Ghost Writer: Edna Pereira (edna@grupotradecomunic.com.br)
Editor: Fabio Humberg
Revisão: Humberto Grenes
Capa: Osires
Foto capa: Felipe Meireles

Dados Internacionais de Catalogação na Publicação (CIP)
(Câmara Brasileira do Livro, SP, Brasil)

> Correia, Alison
>   O sobe e desce da bolsa e da vida / Alison Correia. -- São Paulo : Editora CLA Cultural, 2017.
>
>   ISBN 978-85-85454-81-4
>
>   1. Bolsa de valores 2. Correia, Alison 3. Experiências de vida 4. Homens - Autobiografia 5. Sucesso em negócios I. Título.
>
> 17-09513   CDD-920.71

Índices para catálogo sistemático:
1. Homens : Autobiografia 920.71

Grafia atualizada segundo o Acordo Ortográfico da Língua Portuguesa de 1990, que entrou em vigor no Brasil em 1º de janeiro de 2009.

Editora CLA Cultural Ltda.
Tel: (11) 3766-9015 – e-mail: editoracla@editoracla.com.br
www.editoracla.com.br

Disponível também em ebook.

AGRADECIMENTO

Começo meus agradecimentos pelos meus pais, *mi Papá* Carlos e *mi Mamá* Luiza , que me deram a chance de viver e sempre me apoiaram com alicerce de amor e união, fundamental para eu acreditar na minha própria força para vencer.

Aos meus irmãos Anderson, Karina e Emir, reafirmo meu amor, assim como pelos meus lindos sobrinhos. Minha gratidão também se estende aos amigos da Bolsa de Valores – especialmente a todos que passaram pelo pregão viva-voz –, das corretoras, do bairro humilde onde cresci, aos professores e alunos, com quem continuo a aprender todos os dias. Especial agradecimento ao Peru, minha terra natal, e a todos os meus familiares que lá residem, e ao Brasil, minha segunda pátria, onde pude reescrever a própria história e de minha família.

Encerro meus agradecimentos com o reconhecimento da fundamental importância da minha esposa Fernanda na construção desta que é a melhor fase de minha vida, junto da minha luz de todos os dias, nossa pequena Giovana. E nada disto teria sido possível sem a presença de Deus na minha vida.

Índice

Introdução 7

1. Vinte minutos 9
2. Números no DNA 23
3. *Wall Street boy* 35
4. Temporada dos trotes 41
5. Fim de papo 61
6. De olho na roda da fortuna 65
7. Um trapalhão na BM&F 79
8. A partida do Cachorro Loko 89
9. Confiança no *feeling* 107
10. Operando com lobos 115
11. Silêncio e dor 123
12. Emoções saudáveis 139
13. O melhor investimento 149

Para conteúdos adicionais, acesse: **www.alisoncorreia.com.br**

Introdução

Nasci menino sonhador, lá em Lima, no Peru. Como toda criança, independente do país, eu queria brincar, correr, enfim, viver. Tive a boa sorte de nascer numa família abastada, mas também tive a oportunidade de, muito cedo, ver o império de minha família ruir antes mesmo de eu entender a diferença entre pobreza e riqueza, porque no mundo das crianças os valores não estão nas coisas. Nunca terei total certeza, mas talvez o fracasso financeiro da minha família tenha despertado o melhor de mim, traduzido em grande força para vencer as adversidades da vida.

Este livro não tem a pretensão de ensinar o leitor a ganhar dinheiro no mercado financeiro, onde consegui virar o jogo econômico de minha família. O que me motivou a apostar no conteúdo desta obra autobiográfica foi a possibilidade de impactar, positivamente, outras pessoas que, como eu, tenham o desejo de realizar sonhos. Profissão é vocação e, quando atendemos o chamado da vida e aceitamos aquilo que realmente nascemos para fazer, o resto é consequência. O sonho se realiza.

O limite de aonde podemos chegar somos nós que determinamos. Mas é preciso termos sempre em mente que o que mais vale na vida são as experiências que adquirimos ao longo do caminho que leva à realização dos nossos sonhos. E, se um dia, ao atingir o topo da montanha, você sentir vontade de descer e recomeçar tudo de novo, saiba que o nome disto é sucesso. Não quero dizer que devemos voltar ao ponto de partida toda vez que atingirmos uma meta. Mas, se ao atingir um sonho você tiver a sensação de que faria tudo de novo, significa que você percorreu o caminho correto para o sucesso, mesmo que tenham existido pedras e precipícios nessa longa estrada.

Boa leitura!

1 – Vinte minutos

– **Você perdeu R$ 10 milhões, seu filho de uma puta? Sabe quanto é isso? Sabe quanto tempo eu demorei para conquistar essa quantia, quanto sacrifício?**

– E eu confiei em você, seu desgraçado, para em vinte minutos perder R$ 10 milhões do que eu lutei para ter. E agora, como você vai me pagar?

Os olhos de Carlos fuzilavam o rapaz, que permanecia encolhido na cadeira bem à sua frente. As pessoas em volta não ousavam sequer respirar. Afinal, perder R$ 10 milhões em vinte minutos é uma façanha, talvez só possível no mercado de renda variável, que, por premissa, envolve alto risco.

E é isso que parece mais insano e, ao mesmo tempo, fascinante para as pessoas. Na Bolsa de Valores é possível "fabricar" uma fortuna que a maioria dos profissionais, sejam empregados ou empregadores, levaria anos para construir.

Da mesma forma, também é difícil, em qualquer outro segmento de negócio, alguém perder tanto dinheiro em tão pouco tempo. Em apenas vinte minutos lá se foram R$ 10 milhões pelo ralo. Em oito anos de mercado, eu nunca tinha visto nada parecido. Mas não era um simulado, aquilo era o pior e mais desastroso resultado financeiro produzido por Manoel.

– Eu vou recuperar. Assim como perdi sei que posso recuperar – disse o jovem grudado na cadeira, com os olhos esbugalhados e mãos suando.

– Recuperar? – perguntou, furioso, o dono do dinheiro que evaporou. Veja a sua média de ganho diário e faça as contas. Você levaria, ao menos, quatro anos só para me pagar, se não colocasse as mãos em nenhum tostão nesse período. Mas, para isto, eu teria de permitir que você continuasse a operar meu fundo de investimentos, o que, te garanto, jamais voltará a acontecer, seu filho de uma puta.

– Escuta aqui – continuou a dizer para o maior azarado de que tive notícia naquele maio de 2010, aproximando-se ainda mais do garoto e segurando firme os braços dele na cadeira –, eu quero dois milhões, entendeu? Dois milhões em quinze dias e depois voltamos a conversar.

– Eu vou poder voltar a operar, então? – perguntou Manoel.

– Operar? – perguntou Carlos no meio de uma gargalhada. No meu fundo, não, nunca mais.

– E onde vou arrumar dois milhões sem poder operar? – perguntou Manoel.

– Problema seu, foda-se, se vira. Você não foi homem para perder? Agora seja igualmente homem para ganhar. E some da minha frente, antes que eu te meta um tiro na cara e meu prejuízo se torne ainda maior.

***

Eu e Manoel éramos amigos já havia algum tempo. Na verdade, ele tinha sido meu assistente, aprendera a operar o mercado futuro comigo, era esperto, ousado, sabia entrar e sair do mercado sem se machucar. Era realmente bom no que fazia.

Por isso, depois de uma carreira rápida em uma corretora e de ter passado por um ou dois grandes bancos como operador de tesouraria, surgiu a oportunidade de ele operar para si mesmo.

Pouco tempo depois, Carlos, um homem muito rico e dono de um fundo de investimento, ao observar a potencialidade e o talento de Manoel para o mercado do dólar, convidou-o para operar com ele. Carlos entraria com as garantias financeiras e Manoel, com seu talento operacional para multiplicar ainda mais sua fortuna.

Como recusar uma oferta como aquela? O céu seria o limite para Manoel. Com milhões de reais em garantias, era só usar sua capacidade extraordinária para operar no mercado e comemorar a produção de fortunas.

Muitas pessoas me perguntam: "se você pode fazer dinheiro para os outros operando, por que não faz para você mesmo?". Esse é o primeiro e mais óbvio questionamento de quem vê o sucesso de um operador a distância. A resposta é simples: porque, nesse mercado, o controle psicológico é o que mais conta. Após aprender a parte teórica, a técnica você pode aprimorar em algumas operações. Mas controlar os próprios nervos ao se ver perdendo muito dinheiro, em uma manhã qualquer, é um desafio que poucos ousam enfrentar, mesmo sabendo que, na tarde do mesmo dia, é possível recuperar o capital investido e ainda obter algum lucro. Por isso, quem decide ingressar nesse universo precisa anotar uma dica indispensável:

Regra Número 1: quem opera sempre vai perder. É inexorável e nessa hora é preciso assumir o que chamamos de *stop*. O segredo é ter a mente suficientemente controlada para *"stopar"* na hora certa e não deixar que a perda se torne incontrolável. Ao mesmo tempo, é imprescindível ter mão firme e não sair das operações quando elas começarem a dar lucro, por medo de que o mercado possa, subitamente, inverter o fluxo e em segundos transformar o que era lucro em perda.

Podemos, por exemplo, perder R$ 300 mil em um mês e, no mesmo período, ganhar R$ 350 mil, tendo um saldo financeiro positivo de R$ 50 mil. Mas, sem o necessário controle emocional associado à técnica, muitas pessoas surtam durante a baixa, sem acreditar que é possível fechar com lucro pouco tempo depois.

Mas a perda de Manoel naquele dia tinha superado tudo o que ele ganhara na vida. Aliás, aquele prejuízo superava, provavelmente, tudo o que ele poderia ganhar nos dias de vida que lhe restavam neste mundo.

Nada justifica, para um investidor, a perda de R$ 10 milhões. Porém, aquele dia foi atípico e eu também amarguei prejuízo recorde no meu histórico financeiro. Foi um dia que derrubou muita gente não apenas no Brasil, mas também pelo mundo afora.

Era maio de 2010 e, em princípio, seria apenas mais um dia normal de operações. Eu estava na minha mesa na corretora, analisando os dados, a agenda econômica e não havia nada de muito relevante. Comecei a operar como fazia todos os dias. Negociava no mercado de dólar, mas a "doleta", como nós tratamos a moeda americana, estava agitada demais, oscilando acima da média. Caía e eu vendia, apostando numa queda ainda maior que, efetivamente, acontecia. Então, caía mais ainda e eu continuava vendendo, apostando na queda, ou melhor, eu lia nos movimentos do mercado que a queda era certa. Você deve estar se perguntando: "como assim, você vendia dólares? Você tinha tantos dólares para vender? Se o dólar estava caindo, o certo não seria comprar mais?".

Bem, na Bolsa de Valores, nós podemos comprar ou vender qualquer coisa sem, necessariamente, termos um ativo. Eu posso, por exemplo, vender US$ 100 mil na abertura das operações do mercado, apostando que naquele dia a trajetória do dólar será de baixa. Obviamente que, em algum momento, eu terei de recomprá-los para zerar minha posição. Mas, como eu disse, desde que se tenha garantias suficientes em dinheiro, em ações ou em títulos, depositadas na corretora ou no banco em que se opera, comprar ou vender são apenas dois lados da mesma moeda e a escolha se dá de acordo com a forma desejada de se posicionar na operação.

Em dado momento, eu já tinha feito um bom dinheiro e o melhor a fazer seria ir embora e garantir um encerramento com ganho muito significativo. Mas eis que surge um dos fantasmas do mercado, com o qual convivemos, mas que poucos operadores estão preparados a derrotar. Esse fantasma atende pelo nome de ganância. É ele que faz com que você continue se arriscando cada vez mais, quando, na verdade, a atitude correta seria ouvir a razão e parar.

É algo parecido com o que ocorre com os jogadores nos cassinos, com a diferença fundamental de que estes lidam, exclusivamente, com a sorte, enquanto, nós, operadores de mercado e investidores, lidamos, em tese, com uma ciência que pode ser parametrizada, fazendo com que o fator sorte tenha papel intangível como, de fato, tem em qualquer atividade. Então, observei que o mercado continuava agitado e pensei: por que não tirar um pouco mais dele?

Resolvi ficar. O dólar continuava caindo e eu seguia vendendo. Mas, de repente, a queda cessou. Aliás, a moeda não só parou de cair, como começou a se recuperar. Pensei que fosse apenas um respiro e que o dólar estivesse se recuperando um pouco, em um movimento natural de mercado, para voltar a despencar com muita força. Aproveitei para vender mais, porém o dólar subiu. O que era uma queda de quase 3% no início da manhã, já havia se tornado uma alta de quase 1%.

Nesse momento, o correto seria parar, pensar, analisar e buscar informações. Mas, nessas horas, o fantasma da ganância grita: "você vendeu quando estava caindo 1%, 2%, e ganhou muito. Agora que subiu 1%, para cair forte de novo no final do dia, você não vai vender? Vai perder a oportunidade que o mercado está te dando de lucrar, em um dia, o equivalente a um mês ou, quem sabe, um ano de operação?".

São perguntas e respostas que passam pela mente de um operador, às vezes em fração de segundos. Eu decidi seguir vendendo, enquanto o movimento de alta seguia a 2%, 3%. Em determinado momento, eu já estava muito mal vendido e, se fosse recomprar, o que teria que acontecer em algum momento para zerar a operação, meu prejuízo já seria bem significativo. O fato é que eu havia entrado em *overtrading* e não percebia mais o meu descontrole. Lembro-me de que mantive as ordens de venda até 5% de alta do dólar, sem tirar a atenção da tela do computador. Quando levantei a cabeça para olhar ao redor, já era tarde.

A notícia que corria o mundo era de que a Grécia havia acabado de recorrer à Comunidade Europeia para pagar suas dívidas. A consequência daquele fracasso econômico, que acontecia a quase dez mil quilômetros de distância, era muito prejuízo a centenas de investidores ao redor do mundo.

Aquele caos também anunciava que o mercado ficaria estressadíssimo por muito tempo, meses talvez. Quando essas situações ocorrem, é comum que todos os *players* (investidores de mercado) busquem refúgio na segurança de uma moeda forte, a exemplo do dólar.

Quando a procura pelo dólar se intensifica, o preço sobe obedecendo à lei da oferta e procura. Com o impacto que a falência da Grécia tinha provocado sobre a economia internacional, a demanda pela moeda americana continuaria a ser intensa por um bom tempo.

Conclusão: o dólar não cairia tão cedo e eu estava muito, muito mal vendido. Foi uma perda dolorosa, talvez a mais pesada da minha vida. Foram mais de R$ 100 mil de prejuízo. Mas o que são R$ 100 mil, diante dos R$ 10 milhões que Manoel havia deixado escapar no mesmo dia?

***

Saí atordoado da corretora, pensando em tudo o que eu deveria ter feito durante a operação. Por que não parei? Por que não respirei? Por que não olhei em volta? Mas aquilo também refletia os novos tempos do mercado financeiro, agora marcado pela relação solitária dos operadores com o computador, numa dinâmica que não mais inclui a troca efervescente de informações entre os operadores, como fazíamos na época do pregão da Bolsa de Valores.

Eu até notei que algo estranho estava acontecendo. Uma queda de 2% não se transforma em uma alta de 3%, sem que algo estranho esteja acontecendo. Mas, na era das negociações digitais, operamos com os olhos grudados na tela do computador, acompanhando movimentos em fração de segundos. Eu estava certo de que iria lucrar muito, assim que o dólar voltasse para os meus preços, embolsando algumas centenas de milhares de reais.

Infelizmente, esse é um pensamento típico da estupidez de quem se deixa levar pelo fantasma da ganância que sussurra ao ouvido, desviando você da sensatez, mesmo quando os indicadores econômicos ou o mundo inteiro estão a lhe dizer que é hora de parar.

Mas quem nunca viveu esse confronto da razão com a emoção jamais se tornou um profissional do mercado financeiro. Não ter vivido isso é algo tão impossível para quem opera na Bolsa, como para alguém que vive da luta de boxe nunca ter tomado um murro bem dado no meio da cara.

Por isso, naquele dia, eu não fui o único que ficou machucado. Saí da corretora, sentei em um bar e pedi um uísque. Comecei a ligar para os amigos operadores e, aos poucos, fui descobrindo que o prejuízo havia afetado muita gente do mercado. No primeiro telefonema soube que um dos meus amigos também havia perdido R$ 100 mil, como eu; outro, R$ 20 mil; outro, R$ 500 mil. O pânico era geral.

***

Eu já começava até me sentir menos frustrado por ter perdido "só" R$ 100 mil, quando meu celular tocou. Era o Manoel...

– Alison, eu vou me dar um tiro na cabeça.

– O que aconteceu? Ficou louco? – perguntei.

– Não, mas vou ficar – respondeu.

Do outro lado da linha, a voz de Manoel parecia gelada. Normalmente, eu teria feito uma brincadeira com ele, dizendo que se fosse se matar mesmo devia antes estourar todos os cartões de crédito em um bordel ou com qualquer coisa do tipo, mas percebi que era sério. Ele estava realmente transtornado.

– Você operou hoje? – perguntou.

– Operei, sim – respondi.

– Viu o que aconteceu?

– Vi, levei um *loss* de R$ 100 mil.

– Eu perdi R$ 10 milhões – sussurrou do outro lado da linha, como se falasse baixo para que nem ele mesmo ouvisse.

– Espera, você está brincando, né? – respondi.

– Não, é sério. O Carlos vai me matar. Me deu duas semanas para que eu devolva pelo menos dois milhões e, quanto ao resto, conversaremos depois. Mas tem mais...

– Mais o quê? – perguntei.

– O dinheiro da Cíntia e do Osmar foi junto.

De fato, o dinheiro costuma atrair muita curiosidade e cobiça. E Manoel, aos vinte e poucos anos, ganhava e ostentava muito poder financeiro para sua idade. Os ganhos incalculáveis chegando fácil às mãos de um menino de vinte anos, obviamente, mexiam, demasiadamente, com seu ego e davam a sensação de que tudo, absolutamente tudo, era possível ter e fazer. Bastava desejar. Hormônios em alta, adrenalina idem. E com o Manoel não funcionava diferente.

Ele era suficientemente louco para se casar com uma garota de programa, interessada apenas em arrancar dele até o último centavo. Em uma noite de diversão, cheguei a presenciar sua garota favorita tirar dele o que ele havia ganhado em um mês. O dinheiro, realmente, pode promover milagres. Bons e ruins.

Manuel gostava muito de festas regadas a bebida e mulher bonita e, sempre que podia, as promovia em seu apartamento. As meninas, com raras exceções, nunca eram as mesmas, mas, ultimamente, tinham passado a vir acompanhadas de Osmar, o "chefe" das beldades. Outra presença frequente naquelas festas era a de Cíntia, uma menina linda, de Pelotas, no Rio Grande do Sul, que tinha vindo para São Paulo estudar arquitetura. Porém, logo ela descobriu que tinha outros talentos que poderiam lhe render muito mais dinheiro do que a promessa de projetar casas, apartamentos e fábricas que, talvez, jamais sairiam do papel.

Osmar apresentou Cíntia a Manuel como a "joia da coroa" do seu negócio. Realmente, ela era uma menina linda, inteligente, elegante, que poderia ser levada a qualquer lugar como uma *lady* sem que mesmo as mentes mais maliciosas desconfiassem de seu verdadeiro ofício.

Porém, o que nós descobriríamos muito tempo depois é que Osmar não havia apresentado Cintia a Manuel apenas por amizade. Ela se aproximou dele com a missão predeterminada de descobrir de onde vinha tanto dinheiro, ostentado por aquele jovem que consumia como um milionário. Nessas idas e vindas às festas *privé*, Osmar aproveitou para investir numa "amizade sincera" com Manoel. Para sorte de Osmar, meu amigo estava extremamente encantado com a Cíntia. Então, a aproximação foi quase natural.

Como boa profissional do sexo e também da espionagem, Cíntia jamais deixaria que "sentimentos menores" como o amor, por exemplo, a afastassem de seu objetivo e colocassem em risco o lucrativo negócio de Osmar. Em uma noite, em especial, Manuel não conseguia mais esconder sua paixão. Ele tentava, óbvio que tentava, mas já tinha perdido o controle, embora lutasse para que os amigos não percebessem que estava apaixonado pela garota. Mas seus sentimentos eram cada vez mais evidentes, ele não conseguia mais escondê-los.

– Não me sinto como se estivesse com uma profissional – confidenciava Manoel para mim. Quando estamos juntos, tudo é tão bom, ela é tão doce, carinhosa – dizia.

Ou seja, o inocente havia se apaixonado. Eu até acho que não havia problema algum em ele se apaixonar por uma garota de programa. Existem muitos homens que se casam com prostitutas e muitas prostitutas que se transformam em excelentes mães e esposas. A questão é que Cíntia não era uma dessas. Ela era uma escudeira de Osmar e estava cumprindo uma missão para ele.

Naquela noite, fui embora cedo da festa junto com o resto da galera. No apartamento de Manuel permaneceram Cintia e Osmar. A bebedeira, como sempre, havia sido grande. E, em meio às garrafas de uísque e champanhe espalhadas pelos cantos, numa conversa íntima no final da madrugada, os dois conseguiram arrancar dele qual era a fonte de sua fortuna.

– Eu opero na Bolsa, contou Manoel. E sou muito, mas muito bom no que faço.

Após sua revelação, imediatamente, Osmar quis que Manoel operasse R$ 500 mil em seu nome. "Sem nenhum compromisso de ganhar ou perder", teria dito Osmar.

Aos R$ 500 mil do chefe das belas garotas, somaram-se mais R$ 200 mil de Cíntia, dinheiro que ela tinha conseguido juntar em menos de dois anos trabalhando como garota de programa. A curiosidade de Osmar e a ambição de Cíntia até poderiam ter contribuído para a multiplicação do capital de ambos. O que não estava previsto era que Manoel viveria em seu destino próximo um dia inglório e decisivo, para fazer evaporar o dinheiro de sua amada e de seu desinteressado amigo Osmar.

Mas, como diz o ditado popular, dinheiro que vem fácil, vai fácil. E o menino prodígio e generoso do mercado financeiro, desta vez, havia falhado. Após algumas discussões e lamentos, cada um foi para o seu lado. Manoel ainda amargou, por alguns meses, a falta dos momentos de prazer e paixão que já tinha se acostumado a curtir com Cíntia.

Para Osmar, que produzia muito dinheiro com suas "joias da coroa", o meio milhão perdido no mercado financeiro logo voltaria para seu bolso. Cíntia, menina de fino trato, também não demoraria a encontrar outro milionário para se apaixonar por suas qualidades.

No fundo, apesar de algumas discussões que tiveram com Manoel, após ele informar que o dinheiro não seria recuperado e que não tinha como pagá-los, Osmar e Cíntia sabiam que apertar o cerco contra ele não seria boa ideia, pois teriam de expor a origem do capital investido que, convenhamos, não era coisa para discutir fora de quatro paredes.

O maior prejuízo, sem dúvida, coube a Manoel, que, nem com toda sua agilidade e perspicácia em operar no mercado financeiro, teria a chance de recuperar a fortuna que deixou vazar naqueles trágicos vinte minutos. Carlos, o dono dos R$ 10 milhões, preferiu perder o dinheiro a ter que continuar olhando para a cara de Manoel. Afinal, aquele prejuízo era uma pequena parte de sua incalculável fortuna.

Manoel entendeu, ainda que da forma mais dolorosa, que os riscos que ele corria no sedutor mercado financeiro eram tão grandes quanto perigosos. Naquele maio de 2010, eu também aprendi muito sobre como a ganância e a falta de controle emocional poderiam me levar a derrotas irreversíveis.

2 – Números no DNA

Eu sempre fui um cara ligado aos números, uma influência herdada do meu pai formado em economia.

Mas minha vida, assim como a Bolsa de Valores, sempre foi repleta de altos e baixos que experimentei logo nos primeiros anos de vida.

Cheguei ao Brasil com a minha família aos dez anos de idade, em 1995, após a segunda falência dos negócios de meu pai no Peru.

O dinheiro abundante na minha família, na verdade, era herança de meu avô, um homem rico no Peru, dono de empresas de confecção. A boa condição financeira da família garantiu a meu pai estudar economia na Universidade Federal Rural do Rio de Janeiro (UFRRJ). Enquanto lidava com a aridez dos números, ele teve tempo para abrir espaço para o amor e se apaixonou por minha mãe, com quem se casou e teve o primeiro filho ainda no Brasil. Logo depois, foram morar em Lima, no Peru, onde naquela época havia bom mercado para quem exibisse um diploma de economia de uma universidade pública brasileira.

No retorno à terra natal, no início dos anos 1980, meu pai passou a administrar os negócios da família, enquanto minha mãe, que não dominava o idioma local, focou nos cuidados da casa. Não demorou muito para nascer minha irmã e, em seguida, em 1985, foi minha vez de aterrissar neste planeta.

Nasci no chamado berço de ouro, com meu pai em uma condição financeira muito sólida. Morávamos em bairro nobre de Lima e contávamos com o luxo de termos funcionários para ajudar nas tarefas do lar. Mas o cheiro da riqueza, eu senti por pouco tempo. Meu avô "quebrou" e, por volta dos meus cinco anos de idade, fomos morar na periferia de Lima.

Para uma criança como eu, as coisas apenas pareciam confusas, pois, de repente, a babá sumiu, já não íamos mais para a escola tradicional que exigia que os pequenos alunos fossem de gravata e roupa social, a casa cheia de conforto também não era mais realidade. Mas eu era muito pequeno e não entendia o que toda aquela mudança de vida significava. Meus pais, muito disciplinados, não deixavam que a tristeza pela derrota nos atingisse emocionalmente.

Logo após a falência do meu avô, meu pai ainda teve fôlego para se reerguer e montou alguns restaurantes. Uma nova fase de ascensão começava a ser vivida por minha família. O empreendimento seguia bem até que em 1992, quando o governo peruano da época, liderado por Alberto Fujimori, fez intervenções pesadas na política e na economia, afetando de morte o negócio do meu pai, que tinha as empresas de comunicação – tomadas pelo governo – como seus principais clientes.

Mais uma vez a gangorra financeira da minha família foi para baixo e, em meio a nova onda de crise, nasceu meu irmão mais novo, Emir Josafat, o único a ganhar segundo nome árabe até hoje sem explicação, pois a tradição lá em casa é carregar o nome do meu pai na formação composta. Assim, somos Anderson Carlos, Karina Carla, Alison Carlos e o inusitado Emir Josafat.

Empobrecidos novamente e, desta vez, sem qualquer chance de recuperação em meio à conturbada economia peruana da época, meu pai ainda tentou, mas acabou decidindo voltar para o Brasil em 1995, agora com quatro filhos.

O destino da viagem, dessa vez, foi São Paulo. Apesar de minha mãe ser carioca e ter toda família morando no Rio de Janeiro, quando avisou que voltaria ao Brasil com quatro filhos, marido e totalmente falida, os parentes não estenderam as mãos.

O jeito foi aceitar a força de um amigo peruano, que já estava em São Paulo e lecionava espanhol. Ele prometeu conseguir alguns alunos para meu pai, o que acabou não acontecendo. Já minha mãe, que durante os anos no Peru, aprendeu o espanhol, logo conseguiu trabalho como professora, porque também falava o português.

Deixar meus amigos no Peru me entristeceu. Mas minha chegada ao Brasil foi divertida, entre outros motivos, porque eu não falava nada em português. Isso me tornava diferente dos outros alunos, além de um menino popular no bairro. Enfim, eu ainda era criança e via diversão em tudo.

Já meu pai, como não conseguiu lecionar espanhol, precisou pensar em alternativas para sobreviver. A situação era muito difícil. Além de pagar aluguel, ele tinha de sustentar os quatro filhos e apenas as aulas de espanhol da minha mãe não davam conta de todas as despesas.

Ele precisava agir rápido. Onde eu morava, havia muitos pequenos mercados de alimentos e, com sua visão de oportunidade, meu pai teve a genial ideia de vender linguiça para eles. No bairro já havia um vizinho que fornecia pães para os mercadinhos, assim fazia todo sentido mais um fornecedor local com outro produto. Meu pai, então, comprou a prestação uma máquina de fazer linguiças, antes mesmo de saber se o negócio era viável.

Por conta do novo empreendimento da família, logo ganhei a minha tão sonhada bicicleta. Mas não para brincar. Fui escalado para ajudar nas vendas e nas entregas das linguiças, que eram produzidas durante as madrugadas por minha família.

No começo, tudo até que fluiu bem. O embutido logo ganhou fama entre os comerciantes pelo sabor e qualidade. Mas, pouco tempo depois, quando as exigências da vigilância sanitária começaram a dificultar nossas vendas, o negócio ruiu. Na mesma época, outra empresa, de maior porte, entrou no mercado. A máquina de fazer linguiça, comprada a prestação, teve de ser devolvida para a loja, da mesma forma que veio para casa: de ônibus.

Até acertar um novo caminho profissional, meus pais amargaram muitas dificuldades financeiras e também de adaptação aos hábitos e costumes da cultura brasileira. Embora minha mãe tenha nascido aqui, a formação de sua nova família se deu nos anos que morou no Peru, onde teve três dos quatro filhos. E, claro, qualquer adaptação cultural torna-se mais leve quando a boa condição econômica favorece.

No meio do caos econômico, eu era aquela criança que, digamos, não colaborava muito para o sossego da família. Entre meus irmãos, me destacava pela quantidade de acidentes com os quais me envolvia, o que me rendeu algumas cicatrizes. Em certa ocasião, fiquei com uma lateral do corpo em "carne viva", depois de improvisar um skate para apostar corrida com os colegas do bairro.

Mesmo com as dificuldades financeiras, vivendo em um bairro pobre, eu tive uma infância feliz, cercada de amigos – alguns deles não poderão ler este livro, pois perderam o jogo da vida para o crime, enquanto outros continuam levando a vida simples no mesmo lugar, mas como pessoas do bem. Em periferia, os meninos convivem com algumas seduções recorrentes. Uma delas é o sonho de virar um craque do futebol, outra é viver da música e, no meu caso, eu tinha queda pelo pagode. Já o crime é um fantasma que ronda os meninos dos bairros pobres e, infelizmente, alguns amigos daquela época acabaram fazendo a escolha errada.

Meus pais faziam marcação cerrada quanto às nossas amizades, mas sem proibir o convívio pacífico com todos. O segredo era nos preparar com boas conversas dentro de casa. Fiz bons amigos naquele cenário tão diverso, com os quais mantenho contato até hoje

Em meio a toda a dificuldade, meus pais me deram lições que levo para a vida toda sobre o valor das coisas. Com recursos escassos, eles não se cansavam de exigir que eu e meu irmão justificássemos cada gasto. Se pedíssemos algo e eles pudessem, ganhávamos. Caso contrário, explicavam por que não era possível e pronto. Apesar das dificuldades, foi muito bom crescer entendendo o real valor do dinheiro.

***

Anos muito difíceis foram passando em nossas vidas, até que aos 17 anos chegou a hora de eu buscar um emprego e ajudar minha família. O cinema e a televisão são grandes influenciadores de pessoas. E no meu caso, ainda um menino em busca da primeira oportunidade de emprego, a lembrança das imagens de filmes americanos, com aqueles caras andando pelas ruas de Wall Street, de terno e gravata, fumando charutos, com gel no cabelo e olhar firme de quem sabe o que faz, era algo que me causava boa impressão e curiosidade.

Meu DNA me trouxe como herança o talento do meu avô para os negócios – afinal, antes de ir à falência, ele desfrutou de muita riqueza e sucesso –, além da paixão de meu pai pelas ciências econômicas.

Mas, naquele momento, a realidade era outra. Meus pais tinham quatro filhos para sustentar em um país relativamente estranho e que apresentava oscilações econômicas que não permitiam muito planejamento. O desafio maior era sobreviver a cada novo dia, vencendo com criatividade e determinação, que, aliás, são qualidades tipicamente brasileiras que minha família assimilou muito rápido.

Apesar de minha admiração pelos executivos de Wall Street, minha realidade era muito diferente daquele glamour. Eu nem imaginava como poderia aproveitar os talentos herdados da família. Tinha de ser prático e arrumar logo um emprego para ajudar em casa. Então, logo que comecei a procurar, fiz como muitos meninos da minha idade. A estratégia era distribuir currículos nas agências do Centro de São Paulo, ali na região do Largo São Bento, onde muitos garotos saíam caminhando sem rumo, preenchendo fichas sempre na esperança de conquistar a primeira chance de trabalho.

Naquela idade, eu era bom apenas em insistir e tinha como talento a curiosidade. Passando pelo Centro de São Paulo, mais precisamente na Praça Antonio Prado, eu via algumas pessoas que chamavam a atenção. Andavam desarrumadas, com crachás enormes pendurados no peito, que traziam números grandes; algumas vestiam jalecos vermelhos, verdes ou azuis, o que as deixava mais parecidas com componentes de um tipo de Carnaval fora de época.

Logo me perguntei se seria o pessoal da Bolsa de Valores, aquilo que eu via, diariamente, na TV. Seriam aquelas as mesmas pessoas que trabalhavam gritando com aquele radinho numa orelha? Não conseguia entender aquilo, mas achava fascinante. Então, confirmei que sim, aqueles homens amarrotados e com aquela espécie de fantasia eram os operadores da Bolsa de Mercadorias & Futuros (BM&F), circulando pelas ruas do Centro da cidade na hora do almoço. Eles não exibiam nada da elegância dos homens de negócio de Wall Street que eu via nos filmes. Ali, as pessoas estavam mal arrumadas, com roupas desalinhadas e, no final do dia, se escoravam nos balcões dos bares ao redor da Bolsa, bebendo cerveja ou uísque. Nada muito atrativo.

Ainda assim, para quem estava atrás do seu primeiro trabalho formal, aquilo parecia ser espetacular. Resolvi arriscar e perguntei a um daqueles homens como eu poderia fazer parte daquele trabalho. Alguém, com paciência para orientar um jovem aprendiz, respondeu que eu deveria encontrar alguma corretora de valores e tentar começar como *office boy*, para mais tarde conseguir uma vaga de auxiliar e, com alguma sorte, depois de muito tempo, tentar ser promovido a operador da BM&F. Saí dali pensando que primeiro, na verdade, eu tinha de saber o que era uma corretora de valores e o que essas empresas faziam, para depois tentar vencer aquelas etapas.

Nesse ano, eu estava na faculdade à procura de estágio e não importava muito onde. Havia me cadastrado em diversas agências de estágio. Os retornos eram sucessivos nãos, ora pela idade, ora pela faculdade, que não tinha expressão perante as mais famosas de São Paulo, mas era a que minha família, com muito sacrifício, conseguia pagar para mim.

As perspectivas de eu furar o cerco de tantas barreiras para conseguir o primeiro emprego eram mínimas, imagine uma chance que me levasse para dentro do mercado da Bolsa de Valores. Mas bem naqueles dias em que eu não esperava por nada de bom fui chamado para uma entrevista em uma empresa que ficava no Centro da cidade. Quando cheguei lá soube que se tratava de uma Distribuidora de Títulos e Valores Mobiliários (DTVM), com operação na Bolsa de Valores. Portanto, tratava-se de uma corretora!

No dia da entrevista, o dono estava à minha espera. Eu, como sempre, carregava uma agenda de dois anos atrás e o caderno de economia de um jornal do mês passado, sempre embaixo do braço, para causar boa impressão nos entrevistadores, mostrando que eu era um cara atualizado.

A primeira pergunta do entrevistador foi:

– Você gosta de economia?

– Sim, claro – respondi.

– E quem te falou que você tem perfil para mercado?

Ele nem esperou eu responder e encerrou a entrevista com um sonoro tchau e com meu currículo amassado em forma de bola na mão.

Minha primeira entrevista de emprego em uma corretora terminou sem, ao menos, eu ter tido chance de falar. Foi a mais rápida e estranha da minha vida, mas, com tantos "nãos" no meu histórico, só me restou ligar para minha mãe e avisá-la: "é, velha, mais uma vez não deu". Peguei o metrô de volta para casa pensando que, em questão de segundos, havia perdido a oportunidade de trabalhar em uma corretora. Mas, se as pessoas eram assim, tão estranhas e loucas, de repente eu não tinha mesmo o perfil adequado para trabalhar em Bolsa de Valores, como os caras de Wall Street.

Ao chegar em casa, uma surpresa: a notícia que me esperava era de que o departamento de Recursos Humanos da corretora havia ligado e solicitado minha presença na empresa, na segunda-feira seguinte. A ordem era para que eu comparecesse na BM&F com todos os documentos, pois naquela época a Bolsa subsidiava todos os custos das corretoras com estagiários.

Custei a acreditar e pensei até que seria para uma segunda fase de entrevistas ou que, talvez, tivesse sido o jeito que meu primeiro patrão encontrou para testar minha capacidade de lidar com perdas e ganhos, algo muito comum na área. O fato é que o emprego era meu e ele só não quis dar a impressão de que as coisas pudessem ser muito fáceis para mim.

Porém, nada seria tranquilo para mim. A um passo do emprego que me daria a oportunidade de realizar o sonho de trabalhar na Bolsa de Valores, fui barrado. Após consultarem minha ficha cadastral, me informaram que eu tinha o "nome sujo" e que, para trabalhar no mercado financeiro, isso era inadmissível. A justificativa, de fato, fazia todo o sentido, pois, se você não é capaz de administrar seu próprio dinheiro, como pode ter sucesso ajudando outras pessoas a ganhar dinheiro?

Saí de lá numa velocidade maior do que a das negociações de compra e venda na Bolsa e fui descobrir para quem eu estava devendo. O débito era referente ao cartão de crédito de uma loja de departamentos. Apesar de os meus 17 anos não permitirem que eu tivesse qualquer tipo de financiamento, eu tinha um cartão como dependente do meu pai, ao qual meu CPF estava atrelado, e o não pagamento da dívida gerava bloqueio de todos os nomes que constavam no cadastro.

Era algo como R$ 60,00, referente a uma calça jeans. Eu havia comprado, sem avisar minha família, e não consegui pagar. Pedi dinheiro ao meu pai, paguei a dívida e voltei ao RH com uma carta que provava a quitação do débito. Dessa forma salvei minha vaga de emprego para, finalmente, me tornar estagiário da BM&F.

3 – *Wall Street boy*

Logo no meu primeiro dia de trabalho na corretora, de propriedade de um italiano, que negociava na Bolsa com dois filhos e apenas um operador contratado, deparei-me com números e fórmulas intraduzíveis.

Aqueles eram os dados do mercado financeiro, mas que para mim mais pareceriam grego.

Fui levado para a chamada "sala da loucura", onde havia algumas pessoas que ficavam em uma mesa, com o telefone em punho gritando com outras, fazendo comentários nervosos como: "puta que pariu, era ali"; "caramba, estava na cara, era só esperar"; "ali tínhamos que ter ido de lote, ok, vamos lá... vamos esperar os agoniados, espera acumular... vende, vende, vende... compra, compra, compra... *stopa, stopa, stopa...whattt*???"

Essas frases se repetiam constantemente e eu ali, sem entender nada, assim como não entendia o boletim diário das operações, que me passavam para ler. Minha participação, até então, era anônima e de impacto zero. Eu apenas ficava olhando extasiado para as telas, sem entender o que eram todos aqueles números.

Um certo dia, o dono da corretora, que também ficava ali, disse para mim: "rápido, veja aí quanto estamos perdendo... vai, vai, vai!" e me jogou uma HP 12c, calculadora tradicionalmente usada no mercado financeiro e que, à primeira vista, assusta pela complexidade das operações que podem ser realizadas.

Eu não sabia nem o que eram aqueles números, imagine usar aquela máquina sofisticada para calcular uma eventual perda. Um operador da mesa viu meu desespero e calculou o que o chefe queria e me passou anotado no papel. Passei a informação de que ele estava vendido em 20 lotes, perdendo R$ 30 mil. Ele me olhou com cara de ódio e disse:

— Você está louco? Não posso estar vendido em 20 lotes, nem perdendo tudo isso. Puta que pariu, moleque, você é retardado?

O operador que fez a conta, a essa altura, tinha saído para tomar um café. Logo percebi que era um tipo de pegadinha, o que não foi nada legal. O que eu mal sabia é que aquilo era apenas o começo de uma temporada sinistra que estava por vir. O tempo foi passando e eu fui aprendendo a fazer as funções de auxiliar de mesa de operações, ver se as negociações estavam confirmadas pelas contrapartes, fazer o financeiro das operações e o papel de *back office*, para registrar as operações no sistema da Bolsa, entre outras funções burocráticas.

Comecei a entender que as pessoas ao meu lado na mesa de operações ficavam ligadas, através do telefone, com operadores que estavam no pregão da BM&F, exatamente naquele lugar onde eu havia passado em frente algum tempo antes em busca do meu primeiro emprego. Era lá que ficavam aqueles "malucos" da Praça Antonio Prado.

Quando havia alguma dúvida sobre as operações executadas pelos operadores de mesa da minha corretora, eu ligava para a BM&F e falava com os auxiliares de pregão. Era assim que se dava a hierarquia da equipe. Tínhamos os operadores de mesa, operadores de pregão, auxiliares da mesa, auxiliares de pregão. Ao entender essa formação, as coisas começavam a ficar menos confusas para mim. Agora, ao menos, eu já entendia quem fazia o quê. Aos operadores de mesa cabia a ordem de compra ou de venda; os operadores de pregão executavam essas ordens e passavam as operações anotadas para seus auxiliares, para que as operações fossem confirmadas com os auxiliares das outras corretoras que estavam operando na Bolsa. Só depois de confirmada, entre a parte que comprou e a parte que vendeu, a operação era lançada no sistema no pregão e novamente seria confirmada pelo auxiliar de mesa na própria corretora, para concluir o processo de uma negociação.

Eu morria de inveja dos auxiliares de pregão, porque queria mesmo era estar no olho do furacão, onde havia mais adrenalina. Na minha visão, eles eram muito afortunados em poder trabalhar naquela loucura. Eu ficava sempre imaginando como seria estar lá. Me causava ansiedade ficar ligado com o pessoal do pregão, apenas ouvindo aquela "doideira", sem saber o que realmente estava acontecendo.

Ansioso para participar daquele espetáculo, perguntei a um operador de mesa o que eu deveria fazer para ir para o pregão. Ele me disse que, primeiramente, algum auxiliar teria que virar operador de pregão para que eu pudesse ter alguma chance de virar auxiliar de pregão. Caso contrário, seria muito difícil ter uma oportunidade.

Os dias foram passando e eu não desistia da ideia. Restava torcer para algum auxiliar virar operador de pregão, para eu poder ter a chance de me candidatar a auxiliar na Bolsa. Vivia em busca de histórias de quem havia passado por lá, o que me deixava cada dia mais desejoso por uma vaga.

Até que um dia surgiram rumores de que um auxiliar iria virar operador. Fui logo me candidatando para ir ao pregão e meu patrão perguntou:

– Você tem certeza?

– Sim, claro, esse é meu sonho! – disse.

– Sua vida nunca mais será a mesma – ele avisou!

– Sem problema, é o que eu quero fazer!

E ele tinha razão. Realmente, minha vida nunca mais foi a mesma.

Era uma sexta-feira de junho de 2003 e meu chefe disse que eu deveria começar na segunda-feira seguinte a trabalhar como auxiliar de pregão na BM&F. Eu mal sabia como comemorar aquela vitória, de tanta alegria que senti.

Mas, para minha surpresa, quando avisei meus colegas da corretora de que iria para o pregão, começaram a gargalhar e a cochichar entre eles, falando coisas como "se fudeu, vai perder o cabaço!". Eu não entendia nada e, em certo momento, até achei que aquilo era sinal de inveja.

Engoli a seco aquelas piadas e me preparei para meu grande momento. Passei o final de semana todo sem dormir, pensando como seria trabalhar na Bolsa de Valores. Aproveitei o sábado para comprar roupa nova.

Fui a uma loja de grife, escolhi um bom terno e uma gravata de seda para pagar parcelado em 12 vezes, pois, afinal, eu não queria fazer feio e minhas referências de estilo eram as melhores possíveis e em nada se comparavam aos operadores amarrotados que eu tinha visto pelas ruas do Centro de São Paulo. Eu queria realizar meu sonho e ser um homem elegante do mercado financeiro. Comigo seria diferente, eu iria trabalhar ao estilo *Wall Street Boys*, como sempre admirei nos filmes.

4 – Temporada dos trotes

Na segunda-feira, acordei mais cedo que o necessário. A ansiedade era forte. Me vesti impecavelmente e parti para aquela que seria minha rotina nos próximos anos.

Peguei o metrô logo cedo, para evitar que aquela multidão de passageiros amassasse meu terno bem passado. Eu estava realmente bem alinhado, com roupa nova e gel no cabelo. Era só continuar firme no sonho, porque agora trabalharia direto no pregão da BM&F.

Finalmente, chegava a hora de enfrentar os desafios para realizar meu grande sonho. O meu velho jornal ainda continuava embaixo do braço, junto com a agenda de anos passados, como parte de um visual que agora deveria impressionar meus novos colegas de trabalho.

Ao chegar à fonte da Praça Antonio Prado, avistei um sujeito exótico, se comparado com minhas referências de elegância. Ele usava óculos escuros, camisa quadriculada amarrotada e fora da calça e, claro, tinha um cigarro aceso em uma das mãos antes das 8 horas da manhã. Eu ainda não sabia, mas aquele era o Rodrigo, um anfitrião designado pela corretora para me receber e me conduzir por aquele novo mundo.

– Ei, você que é o cabaço? – ele gritou, olhando para mim.

– Você está falando comigo? – respondi.

– Você é o Alison? – perguntou novamente.

– Sim, eu mesmo. E você é o Rodrigo da corretora? – perguntei.

– Sim, mas pode me chamar de Cachorro Loko – avisou o simpático rapaz.

Dei uma leve risada, enquanto ele fechou a cara e apontou com a cabeça para segui-lo.

Finalmente, eu iria entrar na BM&F. Nada mais me importava naquele momento, nem mesmo entender o jeito estranho do Cachorro Loko.

Após passar por um segurança na porta da Bolsa, descemos umas três escadas, sempre passando por outros seguranças e por detectores de metais. Até parecia que estávamos entrando em um cofre de banco. No meio do trajeto fizeram um crachá provisório para mim, que permitiu meu acesso a mais uma escada abaixo, que levava a uma espécie de vestiário com centenas de armários destinados à guarda dos pertences dos funcionários. Rodrigo, ou melhor, Cachorro Loko, perguntou se eu estava pronto e eu, sem pestanejar, respondi: "claro"!

Para minha surpresa ele falou:

– Então, tira essa porra de roupa!

– Como assim? – reagi.

– Você não vai querer descer assim aqui? Tira, vai!

Cachorro Loko foi tirando meu paletó, jogou no armário, pegou a minha gravata e começou a gargalhar, dizendo:

– Você me deve uma – disse.

E eu continuava sem entender nada.

A sessão de horror não parava. Ele puxou a minha camisa, que tanto me custou para passar e deixar alinhada, e a amarrotou com as mãos. Pegou uma gravata que estava rasgada, escrita com canetão, que mais parecia gravata de palhaço, e me deu para eu colocar junto com um jaleco vermelho, sem nada escrito atrás.

Segundo Cachorro Loko, o meu jaleco ainda iria chegar, com o nome da corretora e meu número de identificação. Entendi que seria igual àqueles jalecos que eu via na TV, sendo usados pelos caras que gritavam.

Aquele momento para mim foi memorável. Me senti um *Wall Street*

Boy, mesmo com minha elegância toda destruída. A alegria daquele momento, que abria as portas da BM&F para mim, superava o susto inicial. Também ganhei um crachá com o número da corretora e meu nome para usar sempre pendurado no pescoço. Mesmo desarrumado, eu estava confiante e muito feliz.

Cachorro Loko ainda tinha uma preleção a fazer:

– Ninguém vai te respeitar neste lugar.

– Não se assuste com o que vai ver.

– Não abaixe a cabeça.

– Os caras são assim mesmo, folgados.

– Não vá perder a linha.

– E nunca se esqueça de que você aqui é um cabaço.

Depois de soltar uma sonora e assustadora gargalhada, Cachorro Loko sentenciou:

– Agora vamos para o *show*!

A verdade é que estava difícil de entender. Primeiro ele se apresenta como Cachorro Loko, depois me amassa inteiro e me faz tirar a roupa, na sequência me desestrutura psicologicamente. Àquela altura, eu já estava quase pensando em ir embora, mas a minha curiosidade era maior do que o medo. Saímos do vestiário e seguimos em direção às escadas rolantes que nos levariam para mais andares abaixo. Desde que havia entrado naquele lugar, só havia descido. Quantos andares abaixo ainda haveria, afinal? Enquanto descia, observei que, nas escadas opostas, subiam algumas pessoas de rostos conhecidos que eu já tinha visto andando pelas ruas do Centro quando eu ia distribuir currículos às agências de emprego. Até que uma daquelas pessoas, em especial, me chamou a atenção: era um negro, de 1,90 m, que me olhou fundo e disse:

– Vai morrer aqui, filho da puta!

Imediatamente, eu olhei para o Cachorro Loko.

– Calma, filho – disse o meu anfitrião.

Meu trote havia começado para valer. Na mesma escada, outro esticou o corpo para tentar me dar um soco. Eu gritei e o Cachorro Loko falou para eu ficar quieto, senão seria pior.

Descemos mais uma escada nesse clima de olhares até que, finalmente, cheguei ao piso do pregão da BM&F. Meus ouvidos se encheram de tanto barulho, tanta gritaria. Barulho de gente gritando, brigando e rindo, tudo ao mesmo tempo. Barulho vindo das caixas de alto-falantes. Era muita gente, era muita loucura!

Assim que cheguei, a primeira coisa que vi foi gente que estava deitada em um canto lendo jornal se levantando. Um encostava no outro e apontava para mim, parecia que eu era um E.T. ou um presidiário novo chegando na cela. Eu não estava gostando nada daquilo. De repente, juntaram-se uns dez homens em roda em torno de mim e começaram a falar:

– E aí, cabaço, de onde você é?

Comecei a sentir os primeiros murros nas costas. Quando eu expressava qualquer reação, só conseguia gerar gargalhadas. A verdade é que eu estava apavorado. Começaram a me bater de verdade, com socos na barriga, chutes na canela e eu ainda sentia umas passadas de mão pela minha bunda. Eu até tentei algumas reações.

– Ei, que porra é essa? – gritei.

A resposta vinha em forma de gargalhadas e de frases de efeito moral como "vai morrer", "pede para sair"... No auge dos ataques, Cachorro Loko ficou distante, observando enquanto tomava água e ria, claro. Até que, em algum momento, ouvi:

– Tá bom, tá bom!

E, finalmente, meu anjo da guarda torto me tirou daquela roda de tirania avisando:

– Isso é apenas o começo.

Ao me dar trégua, Cachorro Loko me levou ao espaço onde as negociações eram feitas. Rodas gigantes cercadas de ferro com gente dentro gritando com os telefones ao ouvido e papéis na mão. Era muita gente e diversos placares ao redor daquele lugar onde uma infinidade de números eram exibidos e oscilavam a cada piscar de olhos. Alguns indicadores ficavam parados. Tudo aquilo, somado à pancadaria da minha recepção na BM&F, estava me deixando alucinado.

***

Eu ainda nem tinha assimilado nenhum dos acontecimentos e um novo grupo se aproximou para voltar a me bater. Eram apenas as primeiras horas do primeiro dia de trabalho, mas aquilo já estava perdendo a graça pela violência. Como menino em começo de carreira, até já tinha ouvido dizer que em muitas empresas, não apenas na BM&F ou no mercado financeiro, havia trote para os iniciantes. Mas ali os caras pegavam pesado, sem dó.

Foram me empurrando até eu cair numa daquelas rodas gigantes de negociação. Um dos operadores gritou ao telefone: "espera um pouco, patrão, tem um cabaço aqui!". Em seguida, me agarrou e me jogou no meio da roda formada por cerca de 200 homens. Me batiam, puxavam meu cabelo e rasgavam minha camisa nova. Eu não podia acreditar que aquilo estava acontecendo. Mais uma vez, Cachorro Loko chegou para me resgatar, dizendo:

– Vamos continuar andando.

Fomos circulando pelo pregão, passando pelas rodas e mais pessoas apareciam para me trotar e pediam para eu dar três pulinhos. Perdi a conta de quantas vezes pulei. Mas pular ainda era melhor do que apanhar.

Eu entendi que haveria de ter fôlego até não ser mais novidade nenhuma – nenhuma mesmo – para aquelas pessoas. Algumas delas chegavam a arrancar o botão da minha camisa ou do meu jaleco e falavam: "arranquei teu botão, teu botão é meu... aí galera, o botão do cabaço é meu". E a galera ia ao delírio!

Eu sentia um misto de desespero e de alegria por estar ali. Mas, se aquilo fosse uma rotina, eu não voltaria mais. Essa tortura se passou durante todo período da manhã. Não consegui entender nada e o tempo parecia passar lento demais.

De repente, um apito tocou e as pessoas começaram a sair dos seus lugares e a caminhar como multidão em estádio, em direção à porta de saída. Era a hora do almoço. Pensei que seria melhor eu me esconder, para que não me vissem. Se com eles ocupados com o trabalho eu tinha apanhado como num ringue de luta, imagina com eles tendo tempo livre.

Naquela altura do dia, eu já estava todo rasgado, com cabelo despenteado, amassado e dolorido. Sentia vontade de falar com meus pais, mas, ao mesmo tempo, tive muita vergonha de lhes contar como estava sendo o meu primeiro dia na BM&F.

Preferi não almoçar e ficar quieto por ali mesmo, enquanto havia alguma paz. Comecei a analisar melhor o local e tive a sensação de estar numa espécie de caverna; afinal, estávamos muito abaixo do nível da rua. Em um dos lados da parte de cima da sala do pregão, havia uma área toda fechada com vidro, que formava uma espécie de aquário, ao qual os visitantes tinham acesso. Lá se recebiam muitas empresas, escolas e outros grupos. Do outro lado, havia salas reservadas para a imprensa em geral. Na parte de baixo, ficavam apenas os operadores e seus auxiliares. Observar tudo aquilo era lindo, mas as dores e a humilhação geradas pela minha chegada não saíam da minha cabeça.

Eram 13 horas, o almoço havia acabado e as pessoas começaram a voltar. Eu estava um pouco melhor e pensei que havia chegado a hora de me impor, senão seria assim para sempre. Notei que as pessoas se sentavam em volta daquelas rodas de ferro esperando alguma coisa. Deveria ser o horário para recomeçar as negociações. Eis que fui avistado. Um cara grande gritou:

— Ei, cabaço, venha aqui.

Eu respondi que não com a cabeça.

— Como é? – perguntou o grandão.

Então, ele se levantou e veio em minha direção.

O cara era muito, mas muito mais forte. Ao chegou perto de mim, me pegou pelo jaleco e me levou erguido até o centro da roda, onde umas 50 pessoas deviam estar sentadas gritando. Começou tudo de novo. Alguns me tacavam papel, outras desciam e me chutavam, até que um deles gritou: "ei, manda ele fazer ovo frito", enquanto outros diziam "é isso aí, cabaço, ovo frito". Mas o que seria isso?, eu pensava. Veio a ordem para eu deitar no chão:

— Deita no chão, filho da puta.

Quando vi, tinha umas 100 pessoas me olhando deitado. Elas riam, enquanto começavam a fazer barulho de fritura... *tsssssstssssstsssssssts-ssstsssttssstststssttststststssssss*. Era muita gente fazendo o mesmo som e a brincadeira era eu ficar virando de um lado para outro no chão, enquanto eles fingiam jogar sal sobre mim como se eu fosse um ovo a fritar. Isso seguiu até dar a hora de recomeçar as negociações. Um senhor de jaleco azul, que deveria ser funcionário da Bolsa e responsável pela organização dos trabalhos, gargalhava muito. Ele subiu em um lugar mais alto e falou no microfone:

— Senhores, cuidado com o rapaz.

Mas aquilo era apenas uma ironia, pois, no fundo, ele se divertia mais do que todos.

As negociações foram reiniciadas e a loucura das operações de compra e venda naquela tarde se dava em meio a um trote e outro no cabaço do dia, que era eu. Já não conseguia entender nada em meio a tanta gritaria, gestos com as mãos, era impossível prestar atenção em algo que não fosse na minha própria defesa.

***

Subitamente, o Cachorro Loko me chamou para falar que eu tinha de aprender o que faziam as pessoas de jaleco vermelho – ou pele vermelha, como eles chamavam –, que tinham o dever de auxiliar as pessoas que estavam negociando. Ou seja, os operadores que ficavam no meio da roda gigante gritando. Eles anotavam em um papel, que chamavam de boleta, tudo o que fechavam de negócio e passavam para nós, os auxiliares.

Perguntei ao Cachorro Loko quem era o meu operador e ele disse que ele ficava na parte mais baixa e era difícil enxergá-lo. Então, o jeito era gritar alto para que ele conseguisse me escutar.

— Sem problema. Qual é o nome dele? – perguntei.

— Chame-o de Wilson e grite alto – avisou Cachorro Loko.

Então, comecei a gritar:

– Wilsonnnn! Wilsonnnnn!!!

Afinal, eu tinha que me impor ali...

– Wilsonnnnnnnnnnnnnn, cadê a boleta???

Os operadores começaram a dar muita risada e foram falando um para o outro:

– Chame o Wilson.

Até que, por fim, uma pessoa próxima a ele o cutucou e disse:

– Ei, Wilsão, seu novo auxiliar está te chamando.

O Wilson tinha 1,90 m e era forte como um touro. Lá de baixo, ele me olhou com ódio. Saiu andando e empurrando alguns operadores até que chegou a mim e disse: "Wilson é o teu cu, seu filho da puta!", enquanto me pegava pelo jaleco e tacava as boletas em cima de mim.

A risada foi geral. O Cachorro Loko era o que mais se divertia. Era difícil entender, mas percebi que era mais uma armadilha de uma série interminável que eu teria de enfrentar. Wilson odiava ser chamado pelo nome. Gostava de ser tratado pelo sobrenome Neto. Era uma tradição daquele lugar: a maioria das pessoas preferia ser tratada pelo sobrenome ou por apelidos. Não faltava criatividade para os codinomes, a exemplo de Minhoca, Boca de Velha, Tatu, Caixa d'Água e assim por diante.

O Cachorro Loko, ainda rindo muito, me pediu calma.

– Só mais uma brincadeira – prometeu.

Eu estava com os nervos à flor da pele. Nada daquilo fazia sentido, mas decidi não perder tempo e aprender. Peguei a boleta usada pelos operadores e vi que nela estava escrito qual produto eles haviam negociado, o preço da negociação e a corretora da qual eles haviam comprado ou a quem eles tinham vendido. A minha função era encontrar o auxiliar da outra parte do negócio, confirmar a operação, assinar e registrar no sistema. Naquela época, era tudo registrado em papel. Após a confirmação do negócio, um dos auxiliares das corretoras envolvidas na operação encaminhava a boleta para ser registrada no **sistema** pelos funcionários da BM&F e, só assim, garantir a validação do **neg**ócio.

Cada vez que eu ia confirmar uma negociação, os outros auxiliares **mentiam** e falavam que não tinham nada. Eu voltava com o operador e tomava bronca. Ficava indo e vindo feito bobo da corte. Nesse caso, da Bolsa. Os trotes estavam longe de parar.

Às 16h do meu primeiro dia de trabalho na BM&F, as coisas começaram a se acalmar. Pensei que seria uma trégua para mim, mas, na verdade, ainda não era. Podia ser pior, porque os operadores viviam sob o estresse das negociações e a porrada corria solta nos novatos como forma de distração.

Não demorou para alguém ter a ideia de rasgar minha gravata e amarrá-la como uma bandana na minha cabeça, para que eu saísse gritando pelo pregão como se fosse uma indiana cantarolando. Naquele momento, agradeci Cachorro Loko em pensamento por não ter me deixado usar a minha gravata nova de seda.

Algum operador mais criativo fez uma tocha olímpica com um monte de jornal e disse para eu sair gritando "É campeãooooo", como se eu estivesse numa volta olímpica. Só conseguia ouvir centenas de homens gargalhando. O pior era passar pelo balcão onde ficavam os diretores da BM&F e vê-los aos prantos de tanto rir. Para zoar os cabaços não havia nível hierárquico, aquela espécie de diversão atraía a todos.

Já se aproximava das 18h e as pessoas estavam indo embora. Aos poucos, as vozes foram sumindo e eu permaneci sentado num canto, com um jornal aberto tampando meu rosto, para que ninguém inventasse alguma brincadeira de última hora. Cachorro Loko apareceu e perguntou sarcástico:

– Gostou do primeiro dia?

Antes que pudesse me manifestar, ele avisou que no dia seguinte havia mais desafios e que eu deveria chegar cedo para reservar o lugar preferido do filho do dono da corretora, que negociava dólar. O rapaz gostava de ficar em um lugar especial e meu dever era garantir que ele não fosse contrariado.

O dia, de fato, não tinha ocorrido como eu havia imaginado. Não vi nada do glamour dos filmes de Wall Street. Saí de lá acompanhando a multidão pelo centro da cidade, vendo operadores e auxiliares se juntando com funcionários públicos, camelôs, bancários, população típica da região, e rumando todos juntos em direção ao metrô.

Chegando em casa, meus pais me esperavam ansiosos para saber como havia sido meu primeiro dia de trabalho. Preferi dizer que havia sido ótimo e que mal podia esperar para retornar. A verdade é que tive mais uma noite de insônia.

***

Meu segundo dia de trabalho estava para começar. Acordei com a tarefa do dia em mente: chegar cedo para garantir o lugar de preferência do filho do dono da corretora.

Alguns poucos auxiliares já esperavam na porta quando cheguei à BM&F. Entrei e fui direto ao armário pegar meu jaleco e uma almofada – isto mesmo: como as rodas gigantes eram de ferro, os operadores pediam para colocarmos almofadas para que eles ficassem confortáveis, já que passavam o dia todo ali sentados e negociando. Quando a porta de acesso ao pregão foi aberta, vi que os auxiliares saíram correndo. Preferi seguir com calma, até porque eu era novato e não queria me indispor com ninguém descendo as escadas no empurra-empurra. Pensei que a missão seria fácil, pois era só guardar um lugar, embora eu não tivesse entendido muito bem a razão daquilo.

Ao chegar ao lugar indicado para o filho do dono da corretora, amarrei a almofada no ferro. Mas um outro auxiliar me alertou de que eu deveria ficar ali sentado, até meu operador chegar, pois não adiantava apenas deixar a almofada. Segundo meu colega, os auxiliares de má-fé pegavam as almofadas e, se eu não vigiasse a vaga, jogavam longe e daí eu perderia a vantagem de ter chegado cedo. Porém, meu sossego e eficácia para garantir o lugar encomendado duraram pouco. Um auxiliar de outra corretora chegou e ordenou:

— Cabaço, tira tua almofada daqui, porque quem senta neste lugar é o meu operador.

Tentei argumentar que havia recebido ordem para reservar aquele lugar. Ele insistiu para eu saísse e me empurrou.

Nesse momento, minha ficha caiu de que aquele sonhado lugar, onde as pessoas eram finas, de terno engomado, só existia na minha cabeça e nos filmes de Wall Street. Ali, muitos dos auxiliares iam de calça big, tênis de surfista, camisa florida com gravata sem nó e tinham comportamento hostil. Eu precisaria me impor, porque, senão, jamais seria respeitado. Parti para o contra-ataque e empurrei o cara de volta, já avisando que podíamos resolver a situação fora do pregão, caso ele quisesse. A aglomeração começou. O cara ficou vermelho de raiva, falou que depois me quebraria a cara, mas acabou saindo da vaga.

Como bom marcador de território, me mantive sentado esperando meu operador. Estava nervoso por fora, mas aliviado por dentro por ter conseguido defender o espaço.

Eram cerca de 8:45 e as negociações do mercado de dólar se iniciariam às 9h. Os operadores começavam a chegar, enquanto os auxiliares que estavam guardando lugar saíam de cena da roda de ferro. Eu permanecia aguardando meu operador com um jornal aberto na minha frente, para não ser identificado pelos veteranos que, a qualquer momento, poderiam começar a me atacar novamente. Faltavam cinco minutos para o início do pregão, quando outro operador chegou, viu que eu era um auxiliar e disse para eu me retirar. Novamente avisei que estava esperando pelo meu operador já havia algum tempo.

O cara mal terminou de me ouvir e me levantou pelo braço, arrancou a almofada e a atirou para bem longe, dizendo:

– Vaza, cabaço, quem vai sentar aqui sou eu.

A briga agora era de auxiliar com operador e eu perdi. Foi uma risadaria geral e não tive outra escolha, senão sair daquele lugar levando murros nas costas, puxões de cabelo, enquanto algumas boletas voavam sobre minha cabeça.

Quando faltavam apenas dois minutos para o início das negociações, meu operador chegou procurando o seu lugar. Outro transtorno se iniciou em menos de duas horas do meu segundo dia de trabalho. Ele ficou muito irritado por eu ter perdido seu lugar preferido. Chamou o Cachorro Loko e deu uma bronca nele, que, por sua vez, colocou a culpa em mim. O operador mandou me chamar e disse que, se aquilo acontecesse mais uma vez, eu seria demitido. Ainda tentei explicar toda a saga que havia vivido para reservar o tal lugar de sua preferência, mas ele não quis saber e avisou:

– Aqui não é lugar para moleque fraco.

Depois, um pouco mais calmo, comecei a refletir se era para guardar lugar para operador de Bolsa de Valores que eu estava fazendo faculdade. Aquilo não fazia o menor sentido. Porém, mais adiante eu pude entender que o lugar que um operador ocupava no pregão era de extrema importância para que ele se sentisse confortável e pudesse estar perto dos seus amigos mais próximos. Naquele ambiente, por mais que a relação entre os operadores parecesse amistosa, quando o sino tocava para dar início às operações financeiras, formava-se uma guerra e era cada um por si.

Eu fiquei extremamente "puto" ao ver que não só tinha falhado no cumprimento do dever, como também havia levado uma bronca do filho do dono da corretora. Comecei o dia muito incomodado e prometi a mim mesmo que não toleraria mais bagunça. Estava ali para aprender, trabalhar, mostrar do que eu era capaz. A hora do almoço já estava se aproximando e eu iria aproveitar para esfriar a cabeça.

***

Meu salário inicial era de R$ 600,00 e não incluía o almoço. O valor estava comprometido para pagar a faculdade, que já tinha notas promissórias em atraso. Nos dois primeiros dias comi coxinha, no Largo São Bento, e churrasco grego, na Praça da Sé, onde o lanche mais um suco saía por R$ 3,50. Não era um prato de aparência apetitosa, mas não podia reclamar, era meu começo.

A partir do terceiro dia, observei que alguns auxiliares chegavam com marmitas e descobri que havia um refeitório dentro da BM&F, com duas geladeiras para guardar as marmitas e que, na hora do almoço, o pessoal esquentava a comida no micro-ondas. Avisei minha mãe imediatamente, e no dia seguinte eu já tinha minha marmita para o almoço.

Com meu jaleco vermelho, devidamente identificado, e com meu almoço garantido pela marmita feita por minha mãe, as coisas pareciam que dariam certo e eu já me sentia quase totalmente integrado ao time da BM&F. Ao chegar para o trabalho na manhã seguinte, garanti um espaço na geladeira para minha marmita e uma garrafa de suco e fui trabalhar. Tratei de reservar os lugares para os operadores da minha corretora, entregando os telefones carregados, enquanto aguardava o sino tocar, seguido do aviso:

– Estão abertas as negociações, senhores.

Eu estava ficando mais esperto na hora de conferir as boletas. O tempo passava muito rápido ali e minha atenção devia estar focada em ir atrás das informações, fazer as coisas certas, pois, enquanto o mercado estivesse agitado, teríamos muito a fazer.

As horas passaram e a fome chegou. Eu comecei a pensar na minha marmita e não queria demorar, pois vi que muitos auxiliares deixavam suas comidas no refeitório, mas não havia tanto espaço para que todos almoçassem ao mesmo tempo.

Então, chegando ao refeitório, os lugares estavam quase todos ocupados e já havia uma bagunça generalizada. O pessoal falava e ria muito alto, tacava comida uns nos outros e o ambiente não tinha nada de sossego nem na hora do almoço. Porém, agora eu podia comer algo saudável, preparado por minha mãe. Mas não foi daquela vez. Abri a geladeira e a minha marmita estava sem nada dentro. A minha garrafa de suco também havia sumido. Eu não podia acreditar naquilo, a minha reação foi um ingênuo comentário em voz alta:

– Roubar marmita? Aí já é demais!

Seria melhor se eu não tivesse falado nada, pois todos se puseram a gargalhar e os gritos de alguns diziam:

— Aeê, cabaço, chupaa!

Eu peguei a minha marmita vazia e saí de lá revoltado mais uma vez. Restou a opção de sempre: o churrasco grego + suco por R$ 3,50. Naquela noite, em casa, minha mãe perguntou se havia gostado da marmita. Claro que eu não contei nada do ocorrido e disse que estava uma delícia. Ela, então, preparou outra para o dia seguinte. Imaginei que poderia ter sido apenas mais um trote por eu ser um novato e, no dia seguinte, deixei minha marmita novamente na mesma geladeira, junto com tantas outras. Dessa vez, roubaram minha coxa de frango e deixaram o suco. Fiquei mais uma vez irritado e parecia que todos olhavam para mim. Pensei em comer meu churrasco grego novamente, mas, por outro lado, sabia que aquilo não poderia ser eterno. Então, sentei e comi apenas o arroz que sobrou, com o suco.

Após aquele episódio, decidi entrar no clima do sarro, risadas e brincadeiras. Eu não era um menino bobo. Vinha da periferia de São Paulo e meus amigos eram da pesada também. Eu apenas tinha na BM&F a imagem de um sonho de menino e, por isso, não queria expor ali a minha "ginga" da malandragem. Eles não estavam lidando com um garoto mimado, mas com alguém que, embora jovem, já tinha alguns calos feitos pela vida dura de imigrante e filho de uma família que vivia em muita dificuldade.

Mas, independente do personagem que eu adotasse, ou participava daquilo e virava um deles, ou minha vida seria marcada por uma eterna perseguição dos trotes. Entendi que, para vencer aquelas brincadeiras – algumas ingênuas, outras nem tanto –, eu deveria usar o bom humor como arma. Afinal, eu era apenas mais um cabaço e deveria conquistar meu espaço de veterano. Quanto menos eu demonstrasse indignação àquelas pessoas, mais rápido os trotes contra mim se tornariam uma brincadeira sem graça, tal qual realmente eram.

5 – Fim de papo

O tratamento hostil que recebi ao chegar na BM&F, com o tempo, serviu para eu amadurecer e ganhar uma certa "musculatura" para me preparar e enfrentar aquele ambiente, que, nos próximos meses, revelaria uma batalha diária, cada vez mais dura.

Era preciso uma certa dose de malandragem para sobreviver a tudo aquilo.

Entre um trote e outro, fui aprendendo os afazeres de um bom auxiliar, que se resumiam a três tarefas básicas:

- Verificar se os telefones usados para a comunicação entre os operadores do pregão e os operadores das corretoras estavam carregados. Essa tarefa merecia atenção o dia todo;

- Reservar os lugares dos operadores próximos dos mercados nos quais atuavam, pois as rodas não tinham lugar predeterminado. Os próprios operadores definiam seus lugares pelo seu tempo de uso;

- E a tarefa mais importante: ficar atento às anotações que os operadores faziam sobre as negociações realizadas, informando quantidade, preço e se era uma compra ou uma venda.

Cabia ao auxiliar verificar com a outra parte da operação se os dados estavam corretos, para solicitar a assinatura e lançar a operação no sistema. Se algo estivesse errado, era preciso voltar ao operador e checar possíveis equívocos. Claro que, além dessas três tarefas, havia atividades extras que os auxiliares realizavam ao longo do dia para seus operadores, como pagar conta, ir ao banco, comprar presentes para esposas e filhos, além de algumas coisinhas mais pesadas que, às vezes, surgiam.

Mas, voltando ao trabalho, o processo de ir atrás dos auxiliares para confirmar a negociação, por vezes, era engraçado. Pegávamos a boleta com as anotações dos operadores e saíamos à procura do auxiliar da outra parte. Atrás dos jalecos vermelhos havia o número e o nome da corretora à qual o auxiliar pertencia, para facilitar nossa busca. Na maioria dos casos, era fácil confirmar a negociação.

Mas, em outras ocasiões, era como achar agulha no palheiro tentar encontrar um auxiliar em meio àquela multidão. Assim, aprendi por que havia tantos gritos durante o pregão, que só cessavam quando alguém desse, ao menos, uma pista de onde estava o tal auxiliar que procurávamos.

Geralmente, cada corretora tinha um lugar onde seus auxiliares ficavam, principalmente as de grande porte, a exemplo das corretoras de banco. Elas tinham muitos auxiliares e operadores, o que tornava mais fácil quando os auxiliares se concentravam em um único lugar, deixando para os auxiliares das corretoras menores a missão de encontrá-los.

Os auxiliares de pregão eram essenciais, pois, sem eles, as negociações não se concretizavam. O trabalho era mais estafante do que difícil. No fim da minha primeira semana, eu já estava dominando a arte de ser auxiliar de pregão. A rotina parecia estar, finalmente, se tornando realidade em minha vida e meus dias, menos recheados de terror, socos e pontapés.

***

Nos dias seguintes, o auxiliar de outra corretora me disse que eu havia percebido, com a própria pele, que aquele ambiente não era para qualquer um. Era preciso se impor, senão as pessoas "montariam" em mim.

O trote ao cabaço fazia parte da tradição da casa, mas comigo tinha passado da hora de terminar e o fim daqueles dias de tortura dependeria mais de mim do que da boa vontade dos veteranos, que usavam aquelas brincadeiras, sem limite, como uma espécie de exercício antiestresse frente à pressão de lidar com o clima de vida ou morte financeira, que viviam todos os dias.

Mas, para enfrentar um ambiente com pessoas tão acostumadas a testar os limites alheios, eu teria de criar meu próprio estilo e me manter forte frente às novas ameaças. A estratégia de me integrar ao grupo fazendo graça da própria desgraça não tinha sido tão eficaz. Por alguns dias, eu ainda fui o único alvo das brincadeiras mais exageradas.

Então, comecei a responder às provocações de uma forma mais seca. Sem dúvida que os comentários jocosos continuavam como "tá muito folgado, hein, cabaço", "vamos cortar suas asinhas, já, já". Mas a verdade é que as coisas foram se acalmando com o passar das semanas, dos meses. Comecei a fazer amizades e a notar que, apesar de rolar tanta sacanagem e muita brincadeira de mau gosto, ali também havia uma lealdade muito forte entre aquelas pessoas.

E eu já gostava daquilo. Sempre haveria um ou outro veterano que teria uma diferença pessoal comigo, afinal, eles já tinham percebido que eu queria brigar pelo meu espaço. E, em um lugar compartilhado por mais de mil pessoas, não daria para ser diferente, enfrentando, vez ou outra, um pouco de falta de cordialidade. Tudo aquilo faria parte do meu amadurecimento. O menino sonhador da periferia começava a entender o jogo e estava disposto a pegar pesado também.

6 – De olho na roda da fortuna

Para vencer naquele ambiente regado a adrenalina e absolutamente dominado por homens, na maioria veteranos, estava claro que eu ainda teria muitas batalhas para enfrentar até conquistar uma convivência de igual para igual.

Mas o pior dos trotes já havia passado e agora eu podia tirar mais daquele lugar, do que apenas socos e pontapés.

Nos dias seguintes fui me inteirando da rotina dos "loucos" do mercado. As boletas que os operadores davam aos auxiliares raramente estavam bem escritas, pois eram preenchidas sob os gritos e a pressão de terem que garantir o melhor negócio. Raramente preenchiam a boleta logo após o fechamento da operação. Na maioria das vezes, eles fechavam diversos negócios, seja compra ou venda, sem anotá-los. Quando nós, os auxiliares, aparecíamos para pegar as anotações, lembravam que tinham de nos entregar as boletas preenchidas e, só então, começavam a preenchê-las em meio à tensão de terem de permanecer atentos aos novos movimentos do mercado.

Nessa hora, deixavam passar várias coisas e apenas falavam:

– Comprei 30 lotes, mas não lembro de quem.

Às vezes, lembravam o nome da corretora, mas não sabiam o que haviam comprado. Ficávamos numa situação limite e tínhamos que ir atrás da informação, checando entre centenas de opções. Entre gritos e correrias, eu saía perguntando um a um, até encontrar o par de negócio dos meus operadores. Nem sempre os outros auxiliares podiam me ajudar nessa busca insana, pois também estavam ocupados atrás das informações perdidas de seus operadores.

A situação piorava quando eu chegava ao balcão das grandes corretoras, onde ficavam centenas de boletas espalhadas para que os auxiliares dos pequenos operadores pudessem procurar algum lote perdido, mesmo sem a certeza de que o que precisavam estaria ali.

Eu nem tinha olhado a metade das opções e já ouvia meu operador gritando para eu buscar mais uma dezena de boletas e, novamente, fazer o cruzamento com os pares de negócio. Eu vivia "pilhado" nessa dinâmica, na qual o tempo é matéria-prima sempre em falta. Mas, no meu caso, a loucura diária incluía uma tarefa adicional pelo fato de minha corretora ser pequena. Era minha função também fazer o financeiro, que significava encontrar o saldo final de compra e venda e apresentar aos operadores o resultado de ganho ou perda. Então, além de toda a loucura de confirmar as boletas, era minha responsabilidade calcular a posição da corretora. Ou seja, se meu operador estava zerado, comprado ou vendido, e quanto estava ganhando ou perdendo.

Eu havia visto isto na mesa de operações nos poucos dias em que fiquei na corretora, mas mal deu tempo de aprender e fui transferido para a BM&F para ser auxiliar. Então, o Cachorro Loko me ensinou uma única vez como calcular o financeiro. Eu pegava as boletas e meu operador falava:

– E aí, meu, vai? Como estamos?

Claro que errei algumas vezes; não que fosse difícil a operação, mas a tensão de lutar contra o tempo fazia a gente cometer muita besteira. Além disso, eu trabalhava com os dois filhos do dono da corretora e, além deles, um amigo da família que operava junto. Passavam ao largo de ser uma grande corretora. Por isso, eu tinha de dar conta de atender aos três.

Cada um deles tinha um estilo, mas, em comum, todos eram muito pilhados. O mais complicado era o filho mais velho, o Fabio. Certa vez, eu demorei para pegar os lançamentos e errei o financeiro. Ele pegou a boleta dizendo: "nunn- caaa maiss façaaaa isso", quicando na minha cabeça. Foi uma risadaria só das pessoas que estavam mais próximas. Minha raiva era muito grande, mas, perto do que já havia passado, foi só mais um ato sem noção que eu deveria saber administrar.

Fui aprendendo que não podia errar. Naquele trabalho, não seriam admitidas desculpas, demoras nem fraquezas. Então, quando o dia acabava, eu levava para casa as anotações dos operadores, porque, depois de confirmados os negócios, as boletas iam para o lixo. Pegava a calculadora HP 12c da empresa e ficava treinando fazer o financeiro o mais rápido possível. Isso me ajudou bastante. Com o tempo, fiquei mais tranquilo, os trotes que ainda aconteciam contra mim foram diminuindo, enquanto eu desempenhava o trabalho de auxiliar cada vez melhor.

Claro que eu cometia algumas gafes como, por exemplo, quando acabava de fazer o financeiro e gritava:

— Ei, patrão, estamos positivos em ...... reais ou estamos perdendo em ..... reais.

As pessoas na roda olhavam para mim, olhavam para ele e davam muita gargalhada. Até o dia em que meu chefe saiu da roda e me disse:

— Seu filho da puta, para de gritar essa porra! Tem que ser discreto aqui, caralho! Ninguém pode saber o que você está fazendo, nem se está perdendo ou ganhando!

Para mantê-los informados sobre a posição financeira, eu deveria apenas anotar em um papel e jamais gritar para que todo o pregão soubesse. Essas informações deixavam o operador vulnerável. Na verdade, nunca, até então, havia parado para pensar o que o financeiro realmente significava. Eu estava tão focado em aprender a minha tarefa que não atentei ao verdadeiro sentido do mercado, que era o de ganhar dinheiro com operações de compra e venda, baseadas em demandas que mudavam a cada minuto, com impacto direto nos preços.

Cachorro Loko, que deveria me ajudar, não se importava com minhas dificuldades. Logo que percebeu meu avanço geral nas operações, passou a pegar a seção de Esportes do jornal do dia e sair, avisando:

– Se alguém me procurar, você corre e me chama. Estarei na lanchonete cochilando.

***

Um dia, Fabio, o filho mais velho do dono da corretora, negociava na roda de taxa de juros. Eram aproximadamente 11h. Ele me chamou, deu as anotações e disse:

– Veja como estamos aí.

Fiz a conta rapidamente e o valor do financeiro, ou seja, o resultado daquela operação era R$ 600. Anotei no papel, dobrei bem e passei para ele. A reação de Fabio foi de êxtase. Ele falava ao telefone com o pai – com quem ficava ligado o dia todo – e comemorou: "puta que pariu, pai .. peguei os caras, vou sair fora", avisou, enquanto saía da roda sorridente em minha direção. Passou por mim, me deu um tapinha no ombro – afinal, errando ou acertando, eu sempre levava um tapinha – e falou:

– Boa, garoto!

Aquele seria o primeiro gesto e o mais afetivo que eu já havia recebido por parte de qualquer pessoa dali. Dias antes, havia batido na minha cabeça com a boleta para me repreender e agora exibia um gesto de amizade para mim. Confesso que senti um certo alívio. Os outros dois operadores já haviam ido embora e eu fiquei com o resto do dia à toa ali no pregão, livre para aprender. Fui para um canto e comecei a fazer e refazer o financeiro. Aqueles R$ 600 de ganho não saíam da minha cabeça. Resolvi acordar o Cachorro Loko na lanchonete e avisá-lo de que os operadores já haviam ido embora. Aproveitei e comentei:

– Cachorro, o financeiro do Fabio foi de R$ 600.

– Nossa, ele foi bem hoje! Legal! – ele disse.

– Mas ele ganhou R$ 600 em uma hora? Como assim? – perguntei.

– Sim, cabaço, claro! Às vezes, não é tanto, mas isso é que significa o financeiro que você faz. O quanto ele ganhou ou perdeu naquelas negociações. Agora deixa eu aproveitar que eles já foram embora e ir também!

Eu fiquei alucinado com aquilo. Voltei para o pregão e fiquei refazendo o financeiro, enquanto pensava que não era possível alguém, em apenas uma hora, lucrar o valor do meu salário mensal. Aquilo estava difícil de sair da minha cabeça. Eu ficava andando em torno da roda onde ele havia negociado, tentava abordar algumas pessoas para perguntar, mas ninguém me dava muita atenção. Eu tinha que entender, de qualquer maneira, o segredo daquela dinâmica. Cada vez mais, me convencia de era aquilo que eu queria fazer na minha vida. Aquelas pessoas podiam não ter a elegância dos homens de negócio de Wall Street, mas sabiam fazer dinheiro e eu queria aprender com elas.

***

Com o tempo, entendi que no subterrâneo do histórico prédio da BM&F havia dois tipos bem distintos de pessoas. Um grande grupo era formado por operadores que ganhavam muito dinheiro e um outro, do qual eu fazia parte, era formado por auxiliares. Porém, entre os auxiliares era possível notar que raros eram os que tinham a ambição de se tornar operadores e fazer parte do grupo que estava ali para ganhar muito dinheiro. A maioria dos auxiliares apenas cumpria as tarefas a eles designadas e usava o tempo livre para as brincadeiras, especialmente aquelas de gosto duvidoso aplicadas nos trotes aos cabaços.

Ainda assim, nas horas livres, era possível notar alguns auxiliares dedicados ao estudo de matérias de faculdade. Eu, com minha curiosidade, aproveitava para ficar pensando e repensando como era possível as pessoas fazerem tanto dinheiro em tão pouco tempo. Minha referência ainda eram os R$ 600 que vira meu operador ganhar em uma manhã, pois aquele valor era meu salário do mês, portanto, significava minha maior noção de grandeza financeira. Comecei a comentar com alguns colegas da Bolsa minha admiração por aquela espécie de "mágica" financeira. Logo me informaram que tinha gente que ganhava muito mais.

Havia operadores diferenciados, que usavam um crachá azul e eram chamados de *scalpers*. Eles formavam um seleto grupo de operadores que, no passado, tinham trabalhado para corretoras. Porém, ao longo dos anos ganharam tanto dinheiro que formaram o próprio capital e passaram a investir de forma autônoma na Bolsa. Fiquei ainda mais fascinado com a ideia de me imaginar investindo, ganhando ou perdendo, meu próprio dinheiro.

Segundo a "rádio-peão", os *scalpers* ganhavam até R$ 5 mil por dia nas operações independentes. Cheguei a pensar que meu informante estava forçando uma amizade, mas deixei ele se empolgar nos "causos". Quanto mais histórias eu ouvia, mais me aproximava das pessoas "importantes" do ponto de vista da informação.

Se a fase de auxiliar de operador de Bolsa de Valores fosse comparada à infância no mercado financeiro, posso afirmar que pulei esse período, me tornando um adolescente prodígio. Às vezes, para ficar mais integrado aos veteranos, participava das brincadeiras. Mas o que eu queria mesmo era manter meu lado investigativo ligado 100% do tempo.

Nas minhas pesquisas sobre aquele ambiente, descobri que muitos que estavam em situação financeira abastada tinham começado em postos humildes, como *office boys* das corretoras, e quando chegavam ao cargo de auxiliar de operador, como eu, já era algo muito bom e uma grande vitória para eles.

Com o passar do tempo, os mais ambiciosos conseguiam se transformar em operadores de pregão. Mas aquela era uma posição muito disputada. Por isso, para muitos auxiliares, garantir salário, alguns bônus e "caixinhas" dos operadores por serviços extras já era um sucesso acima do esperado.

Eu não apenas queria mais, como também acreditava ter capacidade para ir mais longe.

Comecei, sem êxito, a tentar conversar com os *scalpers*, as pessoas que, para mim, eram as mais importantes do mercado. Também me aproximei dos gerentes de corretora e dos operadores mais famosos.

Mas quem daria atenção para um menino recém-chegado que, até outro dia, apanhava nos trotes dos veteranos? Mudei o rumo da conversa e tentei fazer amizade falando de futebol, notícias em geral e, ainda assim, não estava tendo muito sucesso. Então, percebi que tinha que começar a entender de coisas mais profundas, para ter a atenção daquelas pessoas.

Quase todos os dias havia notícias relevantes no mercado financeiro. Era hora de trocar o meu jornal velho, que eu costumava carregar embaixo do braço para impressionar e, de fato, investir no noticiário do dia para ganhar conhecimento relevante e disputar espaço nas rodas mais altas de conversa.

A própria Bolsa de Valores divulgava para nós uma agenda diária sobre onde sairiam as notícias mais importantes do dia. O segredo era ficar atento a temas como petróleo, PIB, comunicados do Banco Central, dólar, política interna e externa, produção industrial e, claro, a economia nos Estados Unidos, a maior referência internacional. O mercado era sensível a qualquer tipo de oscilação dessas fontes de impacto.

Então, percebi que havia um certo ritual no pregão, pouco antes de as notícias circularem: de repente, um silêncio, uma estranha calmaria e, em seguida, ao veicularem as notícias do dia, as negociações voltavam muito mais violentas e rápidas. Quando o barulho ensurdecedor começava era o sinal para que os auxiliares se posicionassem atrás dos operadores, cercando a roda de ferro, pois as boletas das negociações começariam a voar para todos os lados. O mercado estava operando e eu alucinava vendo tudo aquilo!

Aos poucos fui me certificando de que, quanto mais cultura e informação eu tivesse sobre política e economia, mais seria aceito nas rodas de conversa com pessoas que tinham muito a me ensinar. Porém, para abrir espaço nas conversas de grupos influentes, eu teria de levar algo em troca. Eles não me dariam atenção, se eu não demonstrasse algum conhecimento útil.

Foi aí que notei que a maioria dos operadores não tinha a menor noção do que iria sair no noticiário no dia seguinte, tampouco do impacto que essas notícias teriam sobre a economia e o mercado de capitais. Os operadores sabiam apenas o horário em que as notícias seriam anunciadas e aguardavam as ordens das corretoras. Era nesse *gap* que eu deveria atuar, se quisesse ganhar importância a ponto de ser ouvido pelos lobos de mercado.

Mas, pensei, como garimpar notícia relevante que ainda seria publicada? Não bastava saber o tema, se seria petróleo ou qualquer outro segmento de negócio, era preciso antecipar-me à publicação da opinião dos analistas, pois cada um tinha a sua. Então, comecei a ficar atento aos indicadores que eram finalizados na véspera da publicação nos jornais do dia seguinte.

Antes de os dados saírem, eu anotava o preço inicial do mercado. Se a Bolsa estava em 26.500 pontos antes da divulgação e, de repente, após a publicação do noticiário econômico, saltava para 27.500 pontos, significava que os mil pontos de diferença indicavam que a informação tinha sido positiva para o mercado. O contrário também era verdadeiro e deveria ser observado. Já no mercado de dólar, as mesmas informações que faziam a Bolsa subir forçavam a queda do dólar.

Aqueles dados começaram a ficar cada vez mais claros para mim, assim como compreendi que eram eles que deveriam ser comentados nas minhas conversas com os operadores. Mas ainda faltava eu entender o contexto real, o fundamento por trás daquilo. Comecei a perceber que tudo estava interligado. Uma notícia que fazia as ações se valorizarem e, consequentemente, elevava o indicador da Bolsa também influenciava outros indicadores futuros atrelados, vulneráveis à mesma informação. Concluí que esse era o sentido daquela roda da fortuna, toda baseada em tendência futura a partir de fatos no presente.

Durante meses, me dediquei a melhorar cada vez mais minha compreensão sobre a dinâmica do mercado, sobre como as tendências eram percebidas e criavam influência sobre as decisões dos operadores. Não demorou muito e eu, com apenas 18 anos, já atraía alguns ouvidos às minhas opiniões nos círculos mais profissionais do mercado. Foram meus primeiros exercícios de estratégia. Só fazia comentários pertinentes sobre os possíveis resultados das notícias futuras. Arriscava dizer, por exemplo, para onde o mercado caminharia. Algumas opiniões que eu dava eram apenas "efeito papagaio" do que eu ouvia dos bons analistas. Confesso que minha cabeça ficava confusa, mas percebi que na Bolsa havia basicamente três grupos de pessoas à frente das negociações:

1. O grupo de pessoas fundamentais, formado por quem lia os jornais, analisava os balanços das empresas e acompanhava os indicadores.

2. O grupo de técnicos que reunia os especialistas em gráficos e tomava decisões a partir da análise das curvas de variação e estudos históricos.

3. E, por último, o grupo do *feeling*, com o qual eu me identificava, formado por operadores que se deixavam levar pelo momento, sem qualquer pré-análise do movimento econômico.

Na prática, aquilo tudo para mim era uma loucura. Apesar de buscar informações junto aos fundamentalistas, eu queria mesmo era entender por que os ganhos aconteciam a partir de determinadas decisões. Estava claro que, quanto mais soubéssemos sobre o mundo e, especificamente, sobre o mercado no qual estávamos investindo, de forma antecipada, maior seria nossa chance de ganho. Mas isto tudo era teoria para mim, porque, de fato, eu ainda não conseguia entender os mistérios dos ganhos, tampouco como meu operador havia ganhado o valor do meu salário em apenas algumas horas de uma manhã.

Com os filhos do meu chefe era quase impossível aprender algo, pois eles estavam sempre correndo. Chegavam cedo para operar no mercado e, logo que atingiam um bom financeiro, iam embora. Então, a relação com eles ficava restrita à minha função de auxiliar. Já com o Neto, o terceiro operador, eu conseguia conversar um pouco mais e tentava discutir sobre os dados numéricos. Ele dava risada e dizia entender meu esforço, embora explicasse que aquilo não adiantava nada. E, a cada comentário desse, eu voltava ao ponto de partida de minhas indagações solitárias, tentando entender como ganhar um mês do meu salário em apenas uma operação na Bolsa.

7 – Um trapalhão na BM&F

Após o primeiro mês de trabalho, eu já me sentia enturmado. Cumpria bem a função de auxiliar de operador, ganhava cada vez mais a confiança dos chefes e seguia incansável no aprendizado, quase autodidata, sobre o mercado de ações e, principalmente, sobre os ativos negociados em mercados futuros, que eram o foco da BM&F.

A pouca amizade que havia feito com alguns operadores já me rendia alguns conhecimentos, embora outros colegas de trabalho preferissem expressar uma certa birra quando eu chegava.

Eles espalhavam a fama de que eu era um chato, que não parava de perguntar sobre o funcionamento do mercado. Mas eu não me importava com os comentários maldosos. Aprendi com meu pai que não podemos ter vergonha de aprender e que feio é achar que sabe, sem saber. Por isso, não havia outra forma de eu me livrar da ignorância, senão perguntando.

De tanto perguntar, acabei tendo algumas ideias bem típicas de um jovem ansioso por operar e ganhar dinheiro. E o ócio acabou por me favorecer. Perto de 100% das corretoras de valores eram movidas por clientes que davam as ordens para os operadores de mesa, que, consequentemente, as repassavam para os operadores de pregão. Já a corretora para a qual eu trabalhava fazia parte do 1% das operações diretas de negociações para terceiros, pois não tínhamos clientes e, talvez, alguns poucos que tivéssemos em carteira não davam ordens. A única pessoa que dava ordem era o Italiano, como era conhecido o dono da corretora. Todos os operadores da corretora que permaneciam no pregão ficavam conectados com ele por telefone e todo o resultado financeiro que produziam era destinado para a própria corretora, para pagar salários e demais custos. Por isso, quando conseguiam resultado acima da média, logo nas primeiras horas do pregão, se davam ao luxo de ir embora. Porém, eu não era dispensado e tinha de permanecer por lá, cumprindo meu horário, mesmo sem nada para fazer. Nesses dias, meus pensamentos iam longe e eu aproveitava para testar minhas habilidades.

Com tempo livre, eu costumava ficar parado, perto de alguma roda de negociação, com as boletas dos operadores em mãos, criando minhas próprias negociações. Como eram operações fictícias, fingia que estava fechando lotes com os grandes operadores, fazia simulados de compra de venda e, se o mercado não viesse para o meu lado, eu simplesmente pegava a borracha e apagava as operações. Mas, quando a tendência era de ganho, eu me gabava e mostrava para os outros auxiliares e dizia: "olha quanto eu teria lucrado" e eles se acabavam de rir e me chamavam de louco.

Um dia, mostrando uma dessas boletas fictícias para um operador, ele me contou que quando trabalhava na Bovespa participava com os colegas de negociações entre auxiliares, por meio de simulações como as que eu fazia. Mas, ao invés de fingir sozinho e negociar com o vento, eles testavam as habilidades entre eles, como se fossem operadores também.

Se eu já alucinava com as minhas operações solitárias, fiquei mais maluco com a ideia de simular as operações com os outros auxiliares.

Passei a imaginar uma forma para que isso pudesse acontecer ali, com os meus colegas da BM&F. Na época, já havia algumas rodas de negociação entre auxiliares, mas eles apostavam nos campeonatos de futebol, como se fossem cartolas. Mas eu queria profissionalizar a parada. Já que estávamos no pregão e tínhamos mercados reais, teríamos que negociar os mesmos produtos financeiros que os nossos operadores negociavam, como dólar, índice futuro, taxa de juros, mercado agrícola e por aí afora.

Na minha opinião, tinha de haver um valor financeiro envolvido, porém, de valor baixo, para que todos pudessem participar, já que nossos salários não permitiam nenhuma exorbitância. Comecei a divulgar a ideia nas rodas de auxiliares e explicar como seria a operação. Escolhi um dos auxiliares "mais bonzinhos", para fazer o papel da Bolsa de Valores, que garante que quem perdeu pague e quem ganhou na operação receba. Com ele ficavam as garantias em dinheiro.

As regras determinavam que, para participar, o operador tinha de deixar dez reais como garantia com o nosso representante. As negociações por lote valiam um real e o máximo que cada um poderia participar era com dez lotes, comprado ou vendido, pois era o valor da garantia. Se, por exemplo, o investidor ficasse comprado em um lote, a cada um ponto que o mercado subia, ele ganhava um real e assim por diante. No lucro era fácil de entender, mas na perda era complicado, pois, assim como no mercado futuro, podia-se perder mais do que havia se colocado como garantia. Por exemplo: se eu tivesse comprado um real e o mercado caísse cinco pontos e eu não tivesse vendido para ninguém, eu estava cinco reais negativo. Por isso, a ideia era que tivesse bastante gente para que ninguém nunca ficasse posicionado ou pendurado com uma ordem de operação, sem conseguir sair e que, jamais, perdessem além do limite de garantia de R$ 10.

Quem perdesse além do limite de garantia era obrigado a *"stopar"*. Na teoria era fácil e os auxiliares começaram a aderir. Fizemos alguns testes simulados, rodou bem e começamos a negociar entre os auxiliares, junto com a roda do mercado de dólar. Ou seja: o nosso indicador de referência era o dólar futuro; então, quem estivesse comprado, se o dólar subisse, ganhava. Se caísse, perdia. A cada dia mais auxiliares se juntavam e depositavam os dez reais de garantia. Era lindo ver dezenas de auxiliares com seus jalecos formando roda e todos negociando igual aos operadores. Havia até operadores participando através dos seus auxiliares.

Na primeira semana, consegui fazer R$ 70 reais, ou quase 12% do meu salário, e meu único desejo era dobrar aquele resultado. Na segunda semana, mais auxiliares de outros mercados vieram se juntar a nós, pois descobriram que havia uma maneira de especular e ganhar uns trocados. Mas, em pouco tempo, aquilo virou um caos. Estávamos tão preocupados em negociar, em não perder nenhum movimento do mercado, que nos esquecemos das nossas principais funções no pregão oficial. Então, os auxiliares começaram a demorar para fazer o tráfego das informações ou, às vezes, nem iam buscar as boletas, pois estavam posicionados no nosso mercado "fictício". Enquanto isso, os operadores começaram a ficar com boletas acumuladas para lançamento e conclusão dos seus negócios. A demissão começava a rondar alguns auxiliares. E no mais grave dos detalhes eu não havia pensado: fazer aquilo tudo era ilegal.

Não demorou muito para eu entender a encrenca que havia arrumado. Era uma quinta-feira, o mercado estava agitado, havia várias notícias para sair sobre o mercado e a previsão era de dólar agitado. Na esteira das oscilações, portanto, estaria o rico dinheiro dos auxiliares. Conforme as notícias foram saindo, os operadores começaram a anotar suas negociações, enquanto boa parte dos auxiliares permanecia desatenta. Foi naquele momento que o desespero dominou o pregão. O mercado pegando fogo e ninguém conseguia confirmar os negócios, porque os auxiliares estavam preocupados com as próprias posições frente ao dólar, em operações, ilegalmente, paralelas.

O cenário era caótico. Enquanto os operadores negociavam milhões de reais, sem a retaguarda dos auxiliares, nós éramos um grupo à parte preocupado em salvar, no máximo, R$ 100. Em meio àquele tumulto, o auxiliar de uma corretora me avisou de que o diretor da BM&F estava me procurando.

– Me procurando? Para quê? – perguntei.

De início, **pensei** que fosse engano. De repente, ouvi meu nome sendo anunciado **no**s alto-falantes do pregão:

– **Auxiliar Aliso**n, por favor, compareça ao posto!

Ainda assim, eu não imaginava do que se tratava. Mas deduzi que coisa boa não deveria ser. Quando cheguei ao local, o diretor me conduziu à sala dele, coisa que raramente se via por ali, e começou a gritar, dizendo:

– Já sei que é você o organizador desse tal de pregão dos auxiliares. Primeiro, quero dizer que o que você fez é ilegal, pois nada aqui pode ser feito sem a nossa autorização, muito menos negociações. Segundo, você está suspenso do pregão por tempo indeterminado, mas, antes disso, acabe com essa porra! Terceiro, já liguei para o dono da sua corretora e irei informá-lo sobre o que você aprontou.

Minha reação foi típica de um menino trapalhão. Gaguejei, tentei negar a autoria e quase me ajoelhei para implorar que o diretor da

BM&F não contasse meu vacilo para o meu chefe, pois o resultado seria a perda do meu tão batalhado primeiro emprego. Eu não contava com o fato de que as câmeras de segurança haviam registrado toda a minha campanha para criar um pregão paralelo com os auxiliares.

Depois da bronca bem tomada, fui avisar a rapaziada de que não poderíamos mais negociar. Eu mal havia terminado de informá-los e meu telefone tocou. Do outro lado era o pessoal da corretora informando que meu chefe queria falar comigo. Não podia acreditar, eu seria demitido. O desespero tomou conta de mim. Eu estava apaixonado por tudo que estava fazendo, e aprendendo cada vez mais. "Como fui me meter numa cilada dessa", pensei.

Não tive escolha. Atendi ao chamado e fui para a corretora. Chegando lá, meu chefe me aguardava com olhar fulminante.

– Roda de negociações de auxiliares? O que vocês estavam negociando? – perguntou.

– Dólar – respondi.

Para minha surpresa, ele começou a gargalhar.

– Puta que pariu, moleque, você é foda. Os diretores do pregão estão putos! Operação entre auxiliares, ahahahh... – ele ficava repetindo isso.

– Bom, vou conversar de novo com eles, mas você está suspenso e não pode descer para o pregão. Fica aqui na mesa até eu resolver isso – avisou o chefe.

Foi a melhor notícia do dia. Valeu mais do que lucrar com a compra e venda de dólar, pois meu emprego estava mantido. Na pior das hipóteses, eu teria de ficar um bom tempo na mesa de operações, dentro da corretora, mas no dia seguinte já pude retornar ao pregão. Na volta, eu e os outros auxiliares gargalhamos muito e percebi que, de alguma maneira, a minha atitude desastrada tinha agradado ao meu chefe, talvez pela minha ousadia. No mês seguinte, eu já havia criado outra maneira de operar entre os auxiliares, mas sem fazer escândalo. Eram apenas especulações.

Todo dia, no final do pregão, aparecia nas telas a quantidade de negociações feitas em cada mercado e o volume negociado dos contratos. Então, eu sempre ficava olhando aquilo e tentando adivinhar resultados. Se o pregão havia sido muito movimentado, eu apostava que seria alto o volume de negociação, se fosse um dia muito parado apostava baixo. Quando me dei conta, já estávamos apostando dinheiro entre nós e especulando em cima de quantos negócios seriam feitos.

Mas, dessa vez, nossos negócios não seriam feitos em paralelo ao funcionamento do pregão oficial, pois apenas no final de cada dia era possível avaliarmos nossas apostas de investimento. A cada novo dia de apostas com os auxiliares, aumentava minha certeza de que eu queria ser operador da Bolsa.

***

No meu terceiro mês de trabalho como auxiliar, soube que alguns colegas com mais tempo de casa iriam realizar um curso de certificação de Operador de Pregão. Adorei a ideia e me inscrevi também. Mas eles iriam fazer o curso porque a corretora para a qual trabalhavam pedira e, assim que eles conseguissem o certificado, já seriam operadores de pregão. No meu caso, não havia vaga, porque o Cachorro Loko tinha acabado de ser promovido a operador, o que, confesso, me deixou chateado, pois isso significava que iria demorar ainda mais para chegar minha oportunidade de promoção.

Mas a vontade de ser um operador era tanta que decidi fazer o curso mesmo assim, imaginando que, caso um dia precisassem, eu já estaria apto a negociar. Pedi para os meus chefes que pagassem o curso, mas disseram que não havia necessidade de eu me certificar naquele momento. Acabaram aceitando pagar a metade. Negócio fechado!

O curso durava cerca de dois meses e incluía a parte teórica, com a qual aprendi sobre os mecanismos do pregão, normas, matemática financeira, entre outros detalhes, e a parte prática, a que mais me interessava e era realizada no próprio pregão, à noite, quando não havia mais ninguém e, então, podíamos assumir o papel fictício dos operadores, para colocarmos a teoria em prática.

Mesmo não sendo operações reais, aquilo era incrível, pois me dava uma sensação de liberdade para negociar o que, quanto e como eu queria. Havia simulados baseados em notícias reais e em informações hipotéticas, que eram anunciadas no meio da simulação do pregão, com o objetivo de testar nossa capacidade de gerar os melhores resultados para as operações de compra ou venda dos ativos.

No final da aula, um aluno pegava as negociações do outro e calculava o financeiro. A ideia era não permitir a camuflagem de falhas. Os meus financeiros eram, no mínimo, engraçados e, para alguns, assustadores. A maioria dos alunos, na hora de negociar, ficava acanhada e com medo, como se estivesse operando de verdade. Eu, ao contrário, aproveitava para extravasar e negociar pesado, gritar que estava vendendo, gritar que estava comprando. Era demais, porque eu não precisava me importar com ganhar ou perder. No último dia de aula prática, o colega que fez o meu financeiro perguntou:

– Você está louco, como assim, você perdeu R$ 3,5 milhões?

– Ainda bem que foi apenas um simulado – disse o professor.

Mesmo com tanta euforia nos meus simulados, fui aprovado e conquistei meu certificado de operador de pregão. Depois daquele primeiro curso, ainda fiz diversas especializações, pois acreditava que, quanto mais preparado, intelectualmente, eu estivesse, melhor seria quando chegasse a minha hora de operar para valer no pregão. Eu mal sabia que nada disso faria diferença entre vencer ou perder na Bolsa.

8 – A partida do Cachorro Loko

O Cachorro Loko, meu anjo da guarda torto, seguia como operador na BM&F. Mas, desde o início, quando nos conhecemos, ele deixou claro que sua vocação era para vagabundo, assim mesmo, com todas as letras.

Fingia que trabalhava, mas ficava mesmo contando as horas para os chefes irem embora, para ele ir dormir na lanchonete próxima da Bolsa. Algumas vezes, os filhos do dono voltavam para buscar algo e eu tinha que sair correndo, para acordá-lo e avisar que os chefes haviam voltado. Ele estava sempre de ressaca, como muitos dos meus colegas daquele lugar.

Mesmo com toda a dificuldade de engajamento profissional, Cachorro Loko, finalmente, havia sido promovido a operador. Como era de se esperar, ao ganhar mais dinheiro, ele sentia que sua vida estava ótima. Porém, a realidade era outra. Parecia mais que ele tinha ganhado um prêmio e não estava conseguindo carregar. Cada vez que o telefone tocava, ele tremia de medo, pois sabia que o pessoal da corretora pediria para ele ir operar em algum mercado. Era nítido que o meu anjo da guarda torto não iria durar muito no cargo de operador na BM&F.

Sinceramente, eu o adorava. Era um cara extremamente engraçado, mas, profissionalmente, era uma verdadeira perda de tempo. Cachorro Loko era presença constante nas *happy hours*, que funcionavam quase como uma extensão diária do expediente, para a maioria dos operadores e auxiliares do pregão. No dia seguinte, eles chegavam com muitas histórias engraçadas sobre baladas, mulheres e alguns traziam muito cheiro de cachaça. Cachorro Loko era um desses. Ele chegava mais ansioso para ir dormir na lanchonete do que para saber das oportunidades que o mercado ofereceria naquele dia. Eu não era nem melhor nem pior, apenas seguia firme com meu compromisso de concluir a faculdade, paga com muito sacrifício.

Então, no fundo, eu sabia que para o Cachorro Loko atuar naquela loucura do pregão era mais sofrimento do que prazer. A satisfação pelo trabalho, ele só reconhecia pelo salário, que havia aumentado. Era evidente que sua permanência como operador não duraria muito tempo.

Um belo dia a casa caiu! Um dos rapazes da corretora ficava com a chave da empresa, porque era o primeiro a chegar. Na noite anterior, a turma que sempre curtia a noite foi para o Love Story, uma casa noturna muito conhecida pelos frequentadores das noites boêmias do Centro de São Paulo, e que ficava bem em frente da corretora.

Durante a balada, como era de praxe, Cachorro Loko e mais um dos meninos arrumaram duas garotas de programa. Mesmo ganhando o suficiente para bancar um bom motel, preferiram economizar e tiveram a infeliz ideia de levar as beldades para a empresa. A orgia rolou com toques bem em cima da mesa do patrão, como uma dose extra de diversão e rebeldia. No dia seguinte, estávamos no pregão e, como de rotina, o Cachorro Loko cheirando a vodka e contando, orgulhoso, a ousadia da última noitada. O telefone tocou. Era o patrão pedindo para o meu anjo da guarda torto ir, imediatamente, à sala dele.

Pelo tom da voz – que eu já conhecia bem –, o que o chefe tinha a dizer não era coisa boa. Mas, segundo o Cachorro Loko, eles não haviam deixado rastros da noite anterior. Exceto por um detalhe: o dono da nossa corretora era também o síndico do prédio no qual a empresa funcionava. Assim que ele chegou para trabalhar, o porteiro o chamou e disse que dois funcionários tinham entrado na empresa, na noite anterior, com duas garotas de programa. O "crime" estava filmado em detalhes: eles dançando, bebendo vodka no elevador, entre outras minúcias dispensáveis para esta obra.

Claro que a diversão da *overnight* acabou em demissão para os dois fanfarrões. Foi um dia muito triste para todos que conviviam com aquele jeito único de ser do Cachorro Loko, sempre tão desligado da adrenalina que movimentava os dias de negócio na BM&F. Após a reunião que teve com o chefe na corretora, ele ainda voltou à Bolsa para se despedir dos amigos do pregão. Saindo de lá, Cachorro Loko seguiu seu caminho e foi afogar as mágoas em algum balcão de bar nas redondezas. Agora ele teria mais tempo para dormir.

Nesta altura do livro, você está esperando que eu seja politicamente correto e diga que eu nem pensei na minha promoção naquela hora, certo? Errou! A hipocrisia não consta da minha lista de defeitos. No fundo, eu fiquei contente, pois sabia que seria a minha chance de virar operador e que, se a sorte virasse a meu favor, eu não estaria ocupando o lugar de alguém que, efetivamente, amava aquela função. Afinal, nada é por acaso!

Como sempre ansioso, no mesmo dia resolvi falar com meu chefe sobre aquela oportunidade de promoção. Mas, a exemplo do mercado financeiro, às vezes, é melhor esperar o dia seguinte para fazer melhores ofertas. Confesso que me faltou *feeling* para entender que aquele não era o melhor dia para abordar o Italiano sobre meus desejos pessoais. Além de ter demitido dois funcionários por mau comportamento, ele havia tido um péssimo dia nos negócios, com perda significativa de dinheiro.

Claro que meu chefe não só disse não, como me esculachou, avisando que eu seria coisa nenhuma! Fiquei irritado, mas entendi que era cedo demais para ocupar o lugar do Cachorro Loko. O Neto, o outro operador que eu auxiliava, me dava vários conselhos sobre a forma como eu devia me relacionar com meus chefes.

Ele havia crescido com os filhos do dono e convivido na casa deles muito antes do pregão. Então, conhecia-os muito bem e me confortava, dizendo para eu ficar tranquilo que minha hora ia chegar. Ele via que eu era um auxiliar diferente, que queria aprender a operar e não ficar brincando e tacando bolinha de papel o dia todo na cabeça dos outros, como a maioria dos auxiliares. Às vezes, eu também participava das zoeiras, principalmente, quando chegava um novo cabaço para eu descontar meus trotes. Muitos deles não voltavam, alguns ficavam por uma semana e desapareciam.

Agora eu até achava que os trotes, apesar de violentos, eram uma boa peneira para selecionar quem teria estrutura emocional para suportar a pressão do mercado financeiro. Mas meu objetivo de vida não era zoar cabaços e sim virar operador.

***

Quando queremos muito alguma coisa e não temos paciência para aguardar, o tempo pode ser nosso inimigo, se tentamos antecipar os fatos. Demorei um pouco para entender que controlar minha ansiedade seria um ganho estratégico para minhas conquistas. E, com tanta pressa, acabei atraindo uma oportunidade para começar a operar no mercado em um cenário bem mais arriscado que o normal. Mas, para mim, o que importava era ter uma chance para mostrar minha habilidade como operador.

Aquele seria mais um dia de espera para mim, quando um cliente entrou na corretora com o desejo de negociar no mercado pecuário. Era algo que qualquer um dos filhos do dono da empresa poderia fazer. Mas o Italiano não queria que eles perdessem tempo com aquilo.

A ideia sempre foi mantê-los nas operações dos ativos financeiros, e não nos agrícolas da Bolsa, para que ganhassem dinheiro apenas para a família. Raramente negociavam para terceiros.

Como se tratava de cliente novo e desconhecido, sem vínculo de amizade, teriam de passar o atendimento a um operador para que fosse dada atenção exclusiva ao mercado de interesse do investidor. Eu estava ali, só aguardando uma oportunidade para começar a atuar como operador. Talvez não fosse o melhor, mas parecia ser o meu momento.

Meu chefe me ligou e foi direto ao assunto:

– Você se sente pronto para assumir esta responsabilidade?

– Claro – respondi sem titubear!

Meu chefe, finalmente, havia autorizado minha promoção para operador da BM&F. Eu não tinha completado nem 19 anos de idade e já iria operar no mercado. Isto era realmente incrível não só para mim, mas também para o próprio mercado, onde raramente se via alguém tão jovem a tocar o dia a dia dos negócios, fosse em nome de uma corretora ou de um cliente em especial.

Eu mal podia acreditar. Estava realizando o maior sonho da minha vida e comemorava cada pequena conquista como um troféu. Imagine que agora, como operador, eu poderia usar o crachá gigante e na cor amarela nada discreta, com três iniciais à minha escolha. Eu não seria mais um pele vermelha, como chamavam os auxiliares em alusão à cor do jaleco.

Quando voltei para o pregão com meu crachá amarelo, dessa vez sem jaleco vermelho, atraí bastante a atenção de todos. Afinal, apenas alguns meses haviam se passado desde os primeiros dias de trabalho, durante os quais recebi tratamento humilhante, com trotes que pareciam não ter fim, e eu já havia me transformado no operador mais jovem daquela época dentro da BM&F.

Algumas pessoas me parabenizaram e desejaram boa sorte, outras perguntavam quem era meu pai para eu ter conseguido uma vitória daquelas tão rápido. Apesar de maliciosa, a pergunta se justificava, pois muitos auxiliares esperavam entre cinco e dez anos pela chance de se tornarem operadores.

Apesar das minhas trapalhadas no início, a minha ansiedade acabou contribuindo para eu me destacar. Não havia nenhum protetor garantindo meu sucesso lá dentro e, no fundo, eu estava sentindo muito medo, tremia por dentro e me questionava se realmente eu estava preparado, mas não havia mais espaço para voltar atrás. Eu precisava mostrar confiança ao Italiano e seguir adiante com meu sonho.

A promoção, de cara, dobrou meu salário e passei a ganhar R$ 1,2 mil, embora soubesse que havia auxiliares de corretora ganhando R$ 2 mil. Mas isso não era problema para mim. Meu foco era outro. Continuava determinado a descobrir como ganhar R$ 600, ou mais, em apenas uma manhã, como tinha visto os filhos do dono da corretora fazerem. Mas essa vitória não seria tão simples, afinal eles tinham autonomia para arriscar as operações que desejassem, e eu não.

Começaria a operar, exclusivamente, para atender o cliente com interesse na compra e venda de gado, um ativo que podia ser afetado por fatores intangíveis como epidemias e outras variáveis que fogem ao controle lógico dos analistas e que passam a interferir de forma pesada no sucesso ou fracasso das operações.

Fui apresentado ao investidor e, no dia seguinte, começamos a negociar. Lembro desse momento como se fosse hoje. Cheguei bem cedo, tentei ler algumas notícias sobre o mercado de boi, mas a verdade é que eu não entendia nada. Falavam de safra, entressafra, arroba, cabeças. Eu mal havia aprendido sobre a parte financeira das operações em Bolsa e já estava na agrícola, me sentindo totalmente perdido, claro.

Como eu só iria executar ordens, pensei que não poderia ser tão complicado. Nesse dia meu telefone tocou cedo e achei que fosse o cliente, mas era o Italiano. Ele disse:

– Moleque, presta atenção! Você só está aí porque não tenho outro para colocar no seu lugar. Mas esse cliente é importante; se você fizer merda, tá na rua. Agora vou passar o telefone para o cliente e preste atenção no que vai fazer!

Foi um ótimo bom dia e uma conversa pouco incentivadora para um iniciante. Se eu já estava nervoso, agora estava borrando as calças. O cliente me chamou e foi logo perguntando se eu estava bem posicionado. Afirmei que sim, porém, o cliente quis saber por que não escutava as vozes dos outros operadores. Na verdade, eu estava com medo e, por isso, fiquei longe do "fervor" da roda do pregão.

Mas daí foi que entendi que estar bem posicionado no pregão significava estar bem localizado em relação aos outros operadores de um mesmo ativo e garantir um lugar estratégico para negociar. A campainha tocou e a gritaria começou, enquanto eu ouvia a voz que anunciava:

— Estão abertas as negociações!

O pregão estava aberto. Meu coração quase saltou pela boca, mas eu não podia desistir.

Nesse momento, era possível ouvir todas as rodas, o que quando eu era auxiliar não tinha o menor impacto, pois eu conseguia executar meu trabalho sem problema.

O cliente perguntou:

— E aí, Alison, tá que preço?

Eu tentava pegar no ar qual preço estava sendo anunciado, mas variava muito rápido. Um gritava 50, outros bola, 20, 15... então, passei para ele "50, tá 50!". Aí ele gritou:

— 50 o que, seu filho da puta? O que é 50?

Eu não sabia mais o que falar e respondi:

— Ah, 50 é 50.

Enquanto isso, ouvia na rodada gritos com informações que variavam tão rápido quanto os batimentos do meu coração, naquele momento de pressão total.... "15, 25, 30", gritavam. Então, mais uma vez, tentando mostrar serviço, gritei 25. E mais uma vez o cliente irado perguntou:

– 25 o que, caralho?

Eu suava, tremia, parecia que eu ia explodir e já não sabia mais o que fazer, até que um operador solidário, de outra corretora, percebeu meu sufoco de iniciante e resolveu me ajudar. O preço de referência para o dia não poderia passar de R$ 50, a única variação que interessava para a tomada de decisão eram os centavos. O mercado, portanto, variava entre R$ 50, R$ 50,15, R$ 50,25, R$ 50,40.

– O que importa para o seu cliente são os dígitos após a vírgula, a parte final dos números. Você tem que falar bola-quinze; vinte e cinco; quarenta – explicou o meu novo anjo da guarda.

Meu cliente estava quase desligando quando resolvi dizer a verdade. Expliquei que eu estava meio perdido por ser meu primeiro dia, pedi desculpas e disse que, finalmente, entendi o que ele precisava saber. Desculpas aceitas, mas o cliente desligou. Eu fiquei arrasado, sem apetite para comer absolutamente nada.

À tarde, o cliente não voltou a ligar. O Italiano telefonou para ele na tentativa de saber se algo errado havia acontecido, mas a resposta foi que ele não tinha mais interesse pelo mercado naquele dia. Fui para casa arrasado e rezando para que o cliente ligasse no dia seguinte e continuasse a investir comigo. Ao ir embora, encontrei na estação do metrô um cara que era da "roda do boi" e aproveitei para falar do assunto, fiz algumas perguntas e ele me explicou muita coisa. Acabou contando que todos viram meu nervosismo naquele dia e que o começo era assim, com tendência a piorar a pressão. O papo foi tão bom que, quando percebi, estava muito longe da minha casa, que ficava na Zona Sul. Tinha ido parar na Zona Norte, mas valeu, porque o colega me esclareceu dúvidas importantes e me deixou mais confiante para uma nova tentativa.

***

Passei aquela madrugada lendo tudo o que encontrava sobre boi. Embora não houvesse muita informação, eu queria ter assunto para poder falar com o cliente. Li uma matéria que falava sobre uma possível doença no rebanho brasileiro e entendi que os maiores importadores internacionais de carne poderiam parar de comprar, pois desconfiavam que os animais pudessem estar contaminados com a febre aftosa. Na hora percebi que isso iria interferir, de alguma maneira, no preço do boi.

Agora, o jeito era esperar o cliente ligar para eu papear com ele sobre o tema. E ele ligou, deu um bom dia seco e perguntou se as negociações já iriam começar e se eu estava bem posicionado. Eu disse que sim e aproveitei para comentar com ele sobre a especulação de boicote à carne brasileira pelo mercado externo.

— Quem falou isso? – perguntou.

— Eu li no jornal.

— Balela, não acredite em tudo o que você lê. Somos um dos maiores exportadores de carne e, mesmo que nos boicotem, estamos seguros e eu estou comprado no mercado. Quero comprar mais contratos, fique de olho nos vendedores – ordenou, já que ele seguia acreditando na alta do preço.

Como eu estava sem crédito para debater, depois do desempenho desastroso do dia anterior, concordei. Certamente, como um dos maiores exportadores do mercado, ele entendia mais de boi do que eu. Cada vez que eu gritava nova ordem de compra, só ouvia gargalhadas dos outros operadores. Aos 19 anos, minha voz de "taquara rachada" era motivo de piada entre os veteranos, com idade entre 40 e 50 anos, que se divertiam com meu jeito de iniciante. Mas eu não tinha tempo para revide, eu não podia errar.

Realmente, naquele dia, o mercado de boi subiu e o cliente permaneceu comprando. Como eu sabia que ele queria comprar, ficou mais fácil trabalhar. Fiquei de olho nas ofertas de venda e, se o preço que meu cliente queria pagar coincidisse, eu fechava o negócio.

No fim daquele pregão o cliente ainda ironizou:

– E aí vaca louca?! Tá vendo? Vem comigo, filhão!

– Boaa, patrão, é isso aí, vamu que vamu! – respondi.

"Vaca louca" foi o apelido que o cliente resolveu me dar porque era o nome da epidemia que afetava o rebanho do Reino Unido na mesma época. Nem me importei. Aquilo me dava a sensação de mais proximidade com o cliente.

Nada mal para o segundo dia de operação. Já me sentia um super operador, com um mega cliente. Estava no caminho certo, pensei. Chegando em casa, comecei a procurar mais notícias sobre o mercado, mas nem precisei me esforçar. O *Jornal Nacional* anunciou a confirmação do boicote à carne brasileira, por causa da febre aftosa identificada nos animais e informou que haveria forte queda dos preços da arroba do boi.

Como assim, os preços iriam cair muito? Não deveriam subir? Comecei a questionar aquela notícia, sem entender como a doença no gado poderia causar a queda dos preços. Sim, a dinâmica era exatamente aquela. Os preços iriam cair porque o que afetaria o mercado seria o inevitável abate dos animais doentes e o encalhe de boa parte do rebanho, já que o mercado internacional havia anunciado o embargo à carne brasileira. Nesse caso, apenas o mercado interno não daria conta de absorver o encalhe do gado. Com a oferta do produto em volume maior do que o potencial de consumo local, a queda da arroba do boi foi implacável. E se o preço da carne iria cair, meu cliente estava comprado demais, pois havia apostado na alta rotineira do boi, sempre impulsionada pela posição favorável do Brasil como grande exportador. Mas dessa vez, com os efeitos da febre aftosa, ele amargaria sérios prejuízos. Teríamos um terceiro dia de operações complicado.

Cheguei cedo ao pregão e o cliente já estava na corretora. Pediu para me chamarem assim que eu chegasse.

– Vaca louca, é o seguinte: vamos tentar vender tudo o que compramos, ok? Na hora que abrirem as negociações você sai vendendo tudo que der – recomendou.

Ao abrir o pregão, a gritaria era só por venda. Ninguém queria comprar e, então, o cliente ordenou que eu vendesse pelo melhor preço. A guerra estava acirrada e ninguém comprava. Todo mundo estava vendendo até que chegou um ponto em que as negociações ficaram congeladas.

Naquele momento aprendi que todo produto negociado em Bolsa tem limite de oscilação. Nada poderia subir ou cair sem limite, em um único dia. Então, como só havia vendedores, o preço limite da negociação não poderia mais oscilar e as ofertas estacionaram.

A essa altura, o cliente se descabelava e gritava:

— Puta que pariu, tenta vender alguma coisa, dá teu jeito.

No fundo, ele sabia que era impossível, mas queria algum milagre, o que sempre se espera quando nos deparamos com operações de forte perda. O mercado parou para o almoço. Na volta, abriu da mesma maneira, com todo mundo vendendo no limite da cotação mínima e, pelo visto, não mudaria mais. O valor do boi estava indo para o ralo, como o *Jornal Nacional* noticiara, e eu começava a entender de que maneira os acontecimentos no mercado físico podiam influenciar as negociações do mercado futuro da Bolsa.

A missão agora era dar um jeito de zerar a posição comprada do meu cliente. O mercado ficou parado o dia todo e, ainda que conseguisse vender, ele continuaria no prejuízo com uma posição que, um dia antes, estava dando lucro. Continuávamos comprados e, agora, no meio de uma crise sem data para acabar. O dia terminou e não se falava em outra coisa, a não ser na crise do boi. O Italiano me ligou e expliquei a ele o que estava ocorrendo. Seu comentário foi apenas de que não poderíamos perder o único cliente que tínhamos na área agrícola, como se aquilo dependesse, exclusivamente, do meu bom desempenho como operador. Mal consegui dormir naquela noite.

O noticiário informava sobre mais países aderindo ao boicote à carne brasileira, enquanto mais animais eram diagnosticados com a febre aftosa e boatos surgiam de que, se consumida, a carne contaminada poderia matar quem a consumisse.

No dia seguinte, ao chegar ao pregão, não tive direito nem a um bom dia do cliente. Ele foi logo avisando que, se aparecesse alguém comprando, era para vender sem importar o preço. As negociações se iniciaram com um operador gritando que vendia pelo preço do limite da baixa. Meu cliente não podia acreditar no que ouvia:

– Puta que pariu, quer me foder?

Era o segundo dia com os preços em forte queda e sem ninguém para nos deixar, ao menos, vender o estoque e assumir o prejuízo. Estávamos à deriva. De repente, meu cliente sumiu. Meu chefe o chamou para conversar e disse que ele precisava depositar mais dinheiro, porque, mesmo que conseguisse sair da posição, assumindo o prejuízo, não teria dinheiro para pagar. O cliente disse que tinha certeza de que o preço iria voltar, porque era insustentável ficar baixando assim. O mercado ficou uma semana toda em baixa. A cada novo dia, o preço abria em nova queda para venda e os operadores não demonstravam nenhum interesse de negócio, fazendo com que o prejuízo de quem estava comprado só aumentasse.

Passei o final de semana todo pensando no que havia vivido na minha primeira experiência como operador. Na semana seguinte, voltei com um plano para tentar ajudar meu cliente. Na segunda-feira, antes de começar as negociações, falei para ele:

– Patrão, tenho uma ideia.

– Qual, vaca louca? Sei que deveria ter ouvido você, quando comentou da porra da notícia. Agora sou todo ouvidos, diz aí – respondeu com voz moribunda.

– Se hoje abrir mais um dia em baixa, será o sexto dia consecutivo sem comprador, certo? Então, por que não começamos a comprar mais?

– Como assim? Eu estou perdido aqui e você quer que eu compre mais? Você não está vendo que não vai parar de cair?!

– Mas não vai cair para sempre e se o preço está 40% mais baixo do que a nossa última compra, acho uma boa estratégia entrar comprando mais.

Soltei o verbo sem pensar nas palavras, tampouco nas consequências.

Naquela hora, se meu cliente pudesse passar pelo telefone, ele passaria para me dar um murro na cara. Nesse mesmo dia, mais uma vez, o mercado fechou em baixa, sem aparecerem compradores.

No dia seguinte, ouvi rumores de que a situação estava se acalmando e que poderiam começar a aparecer compradores. Então, falei para o cliente e ele, imediatamente, falou para eu vender a quem quisesse.

Meu instinto dizia para não vender nada, pois o preço já havia caído demais e mais pessoas, como meu cliente, deviam estar desesperadas para zerar a posição. Enfim, o mercado abriu e, como previsto, apareceram compradores.

Meu cliente berrava VENDE, VENDE, VENDEEEEEE... Vendi tudo o que ele queria e zeramos sua posição, arcando com prejuízo de mais de 40% numa posição muito alavancada. Ele nem teve como arcar com toda a perda. Zerou e sumiu. Nunca mais ouvi falar dele.

Na falta de quem culpar, o Italiano não hesitou em dizer que eu havia perdido o único cliente de agronegócio da corretora. Fiquei me remoendo, pois, além de apenas ter cumprido ordens, eu havia sugerido ao cliente vender a posição para tentar amenizar o prejuízo.

Mas, enfim, de nada adiantaria argumentar sobre o que já havia passado. Pouco tempo depois, ouvi boatos de que o cliente havia falido e teve de vender até a própria casa para arcar com parte da dívida.

Quando eu soube do seu fracasso, senti dó. Mas meu chefe não pensava assim e dizia que no mercado não havia espaço para sentimentos, aquilo era uma guerra. Sempre haveria alguém querendo 'te matar'. Por isso, o Italiano sempre dizia que era preciso sair na frente e nunca teimar contra o mercado.

– Dinheiro não aceita desaforo – dizia meu chefe.

Aquela experiência nunca saiu da minha memória. Pensava que, se o meu cliente houvesse zerado a posição quando estava ganhando, hoje estaria tranquilo e poderia até ter comprado algum gado para pegar o movimento de alta da arroba. No entanto, ele perdeu tudo e eu continuei na mesma, ganhando mal, com moral baixa e agora sem cliente, apesar de o meu instinto ter indicado o melhor caminho. Porém, eu era menino ainda e não fui ouvido.

9 – Confiança no *feeling*

Nos dias seguintes amarguei ainda mais prejuízos e, cabisbaixo, voltei ao meu posto de auxiliar, por ordem do meu chefe.

Depois da minha rápida ascensão, tive de enfrentar a humilhação de trabalhar com crachá de operador sem poder exercer a função.

Era como dar passos atrás em um sonho que era comum a muitos ali no pregão. Ainda que marcado por alguns com insucessos, eu havia conquistado aquele cargo em prazo recorde. Tive de suportar colegas de trabalho zombando da minha derrota, me chamando de auxiliar de luxo e duvidando da minha capacidade. Mas, apesar da queda, eu não me sentia convencido da derrota.

Na sexta-feira daquela mesma semana, como de costume, o meu chefe e os filhos haviam saído mais cedo para a praia. Entrei na roda do boi, fingi estar conversando com alguém no telefone e comecei a simular compras. Geralmente, no último dia da semana, após o almoço, o movimento caía no pregão e, se não acontecesse nenhuma catástrofe mundo afora, pouca coisa mudava. A roda dos negócios estava quieta e o preço da arroba do boi permanecia nas alturas. Foi nesse momento que comecei a gritar:

— Eu compro boi, a 16!

A oscilação do preço do momento estava em R$ 60,16 e os operadores me olhavam e cochichavam entre eles. Logo começaram a passar para os clientes deles, me olhando de forma estranha. Eu pensei, ah, ninguém mais quer vender né? Então, aumentei o preço de compra para 60,17 e nada de vendedor. Eu me sentia como um *trader*:

— Compro a 17, 18!!! PAGUEI 60,20!!! Nessa hora um operador de um grande banco gritou:

— Fechadooooo!!!

Comecei a tremer e confirmei a compra. O cara gritou:

— Quantos contratos você compra? Estou vendendo!

Percebi que eu tinha enfurecido alguém e aquilo só me estimulava. Então, disse:

– Quero 20 contratos.

Os caras começaram a rir e a dizer:

– Ahhh, tanta pressão para comprar 20 contratos.

O mercado acalmou de novo e daí pensei: se eu achava que era para comprar, então por que eu estava com medo? Então gritei:

– Compro mais!

O mesmo operador que já havia demonstrado interesse perguntou quantos lotes eu queria e, engrossando minha voz de moleque, gritei:

– Manda 100!!!

Como 100 contratos passava a ser uma quantidade razoável, achei que ele não fecharia tudo. O operador não só confirmou a venda dos 100 lotes como avisou que poderia dobrar a oferta. A turma da roda do boi começou a pressionar:

– Uhuuuuuu e aí, vai amarelar? – perguntavam.

A essa altura, eu já estava comprado em 120 contratos, sem autorização do meu chefe, e o mercado estava prestes a encerrar. O meu vendedor continuava propondo mais negócios, dizendo que podia vender ainda mais a 16, 17, 18, 19, 20, 20- 19- 18 -17, mas ninguém comprava e eu resolvi ficar quieto. Nessa hora, o operador do grande banco aproveitou a deixa e derrubou a cotação na minha cara. Não havia tempo para qualquer reação, pois as negociações do dia se encerraram.

***

Naquela tarde de sexta-feira, que era para ser apenas a porta de entrada para um fim de semana tranquilo, eu havia me metido em uma grande fria. O auxiliar me ligou da mesa de operações e disse:

– Alison, o que você fez? Vou ter que avisar os donos.

Pedi, pelo amor de Deus, para não falar, disse que tinha informação de que o mercado iria subir e nos daríamos bem. Ele concordou em me ajudar.

Fui para o fim de semana imaginando que, até segunda-feira, muita coisa poderia acontecer para me deixar em situação melhor. Só restava torcer.

Passei sábado e domingo atrás de alguma bendita notícia que indicasse alguma reação do mercado em relação à febre aftosa. Mas o que se ouvia era apenas que os donos de rebanho seguiam abatendo os animais doentes e vacinando os outros para não se contaminarem. Eu precisava de uma notícia boa a meu favor e não tinha. Mas também não havia nenhuma ruim, que apontasse para a piora da situação em termos de contaminação.

Quando o mercado abriu eu estava desesperado para sair da posição que havia aberto. Logo que os negócios começaram a acontecer, eu gritei:

– Vendo a 20!

Era meu preço mais alto de negociação na sexta. Logo o operador do banco, que estava vendido contra a minha posição, avisou o seu cliente e começou a vender a uma cotação mais baixa do que as minhas ofertas. Isto porque eu havia cometido o clássico erro de deixar evidente que queria zerar minha posição da sexta-feira. No mercado, nunca devemos mostrar nossa fraqueza de negócio.

O preço despencou para próximo dos R$ 59,00 e eu nada fiz. O auxiliar da mesa me ligou e perguntou:

– Alison, você não fez nada? Não podemos ficar carregando posição sem avisar.

Pedi para ele esperar só mais um dia. Ele disse para mim que iria esperar, só que acabou contando para meu chefe. No dia seguinte, o dono da corretora ligou para mim logo cedo. Atendi com bom dia e ele respondeu:

– Bom dia é o caralho! Quem te deu autorização para operar sem ordem, desde sexta-feira? Você está louco?

O sermão não parava.

– Você fodeu um cliente e quer me foder também?

Na hora, eu só pensava que já estava na rua, demitido e que, já que iria ser mandado embora, ao menos deveria defender meu ponto de vista:

– Acho que vai subir, por isso comprei.

A resposta veio na hora:

– Você o que? Você acha? Pior ainda! Quem acha não tem certeza de nada e no mercado só se faz as coisas com certeza! Puta que pariu, moleque!

O mercado de boi já ia abrir e fui para a roda com o meu chefe. Ele só perguntou se tinha comprador e respondi que não. Então, ordenou que eu vendesse a quem aparecesse. Em voz alta eu disse que deveríamos esperar e, claro, fui xingado mais uma vez. No fim da tarde, apareceram algumas pessoas comprando a R$ 58,00 e meu chefe ordenou a venda dos 120 contratos, para zerar toda a posição. O Italiano amargou prejuízo de, aproximadamente, R$ 30 mil e eu perdi o emprego.

– Pegue suas coisas e suma daqui.

Assim meu chefe se despediu de mim.

***

Fui para casa sem falar com ninguém, pensando mil coisas, inclusive que, talvez, aquele negócio não fosse para mim. Talvez eu não tivesse talento e visão para enfrentar tantos riscos. No dia seguinte não saí do meu quarto, sentia muita raiva e não quis nem saber das notícias do mercado. Aguardava apenas o aviso para passar no RH para eu sair de vez da corretora. Dois dias após a minha demissão, acordei e resolvi ligar a TV. Ouvi que o mercado internacional havia liberado novamente a importação da carne brasileira, o que significava que o mercado iria "explodir" e, portanto, voltar aos níveis normais do preço da arroba do boi, como eu havia imaginado e avisado meu chefe. Comecei a rir sozinho e pensava:

– Eu sabia, eu sabia! O preço não poderia cair para sempre!

Me ligaram da corretora no mesmo dia. Aliás, quem ligou foi o auxiliar que me delatou a meu chefe, dizendo que o Italiano queria falar comigo no dia seguinte. Voltei à corretora e perguntei se era para ir ao RH, mas eles me disseram que era para ir para o pregão mesmo, na BM&F. Achei estranho, pois o RH, onde eu encerraria meu contrato, ficava na própria corretora.

Quando retornei ao pregão, liguei para meu chefe e ele disse:

– Você é muito mão fraca, hein, moleque?! Olha só o preço que está o boi! Se tivesse esperado mais um dia, ao invés de perder R$ 30 mil, teríamos ganhado R$ 100 mil. Você foi ousado, mas no momento errado. Agora é o seguinte – perguntou o Italiano –, você quer ficar?

Rapidamente, respondi:

– Sim, claro!

Então, ele avisou que a condição para minha permanência seria descontar do meu salário, todo mês, uma parte do prejuízo que eu havia causado até zerar a perda. Pensei "caramba, agora sim eu estou lascado", pois já ganhava mal e ainda teria aquele prejuízo.

Por outro lado, não havia perdido o emprego e meu chefe reconheceu o meu *feeling* para o negócio.

Nos meses seguintes, os descontos vieram no valor de R$ 300 reais por apenas duas vezes. Percebi que a ideia do meu chefe foi me aplicar uma lição moral, mais do que realmente transferir o prejuízo financeiro. Até porque eu demoraria cem meses para pagá-lo. Mas, ao longo do tempo, minha consciência foi ficando cada mais leve à medida que fui produzindo lucros cada vez maiores para a corretora do Italiano.

10 – Operando com lobos

O mercado financeiro, decididamente, não é coisa para gente de sangue quente, pois a fortuna de uma vida pode ser consumida em poucos minutos.

Mas, depois de ter minha atitude reconhecida, senti fortalecer-se minha autoconfiança. Eu havia intrigado o Italiano com minha decisão de operar na contramão das tendências e num momento de euforia do mercado, enquanto o que se via eram grandes perdas causadas pelo episódio da febre aftosa.

No meu retorno ao trabalho, ele disse que não me queria mais no mercado agrícola, pois, segundo ele, ali já havia passado a boa oportunidade e eu a havia perdido. Ele e os filhos operavam dólar, porém havia outra roda de negócio onde se operavam taxas de juros, conhecida como roda do Depósito Interbancário (DI) e, geralmente, a oscilação daquele mercado acompanhava o movimento do dólar. Se a moeda americana subisse, a taxa DI subia, sendo o contrário verdadeiro. E foi para a roda de DI que meu chefe me mandou.

A pauta de minhas pesquisas diárias de informação, agora, seria outra. Da mesma forma que havia ficado atento às informações do mercado pecuário nas últimas semanas, dessa vez eu deveria me concentrar nas informações referentes à taxa de juros. Na verdade, a dinâmica de negócio era parecida com a do boi, o que mudava eram os parâmetros a se observar para evitar decisão equivocada, pois ali a "brincadeira" era bem mais cara do que a do gado.

As grandes tesourarias de bancos nacionais e internacionais estavam presentes naquelas rodas e eu, mais uma vez, deveria decidir sozinho. Sem cliente e jogado para tentar a sorte, liguei na mesa de operações, falei com meu chefe e perguntei se eu não poderia ficar ali ligado com ele. Respondeu que não, pois já estava com os dois filhos na linha, mas disse que deixaria uma pessoa para ficar ligado comigo e ele iria passando "o raciocínio", sem problemas.

Comecei a fazer amizade com as pessoas da roda e, de cara, percebi que alguns operadores realmente tinham noção do que estavam fazendo. Havia uma maioria que estava ali apenas para receber e cumprir ordens, sem ter ideia do que significava cada decisão. Eram apenas bons "soldados" e realizavam o que lhes era solicitado.

No meu primeiro dia de operações fui bem, fiz coisas pequenas e fechei o financeiro em R$ 850. Fiquei empolgado e quis saber se meu chefe estava feliz com meu desempenho, mas o comentário dele foi de que "dava para ter pegado mais os caras". Achei aquilo um absurdo e a raiva me motivava a forçar mais resultado.

No dia seguinte, minhas operações renderam R$ 1,25 mil. Eu sabia que estava evoluindo nas operações e me sentia orgulhoso disso, mas meu chefe parecia não se importar. Eu tinha conseguido, em um único dia, lucro equivalente ao meu salário mensal. Assim se passou uma semana, depois trinta dias, e chegou o dia da minha primeira reunião de final de mês. Imaginei que seria a hora de ouvir algum elogio ou incentivo, afinal, eu havia produzido financeiro total de R$ 20 mil naquele período. Portanto, eu havia retornado à empresa quase 20 vezes o valor que me pagavam. Decididamente, não era pouco dinheiro, especialmente para ser produzido por um iniciante tão jovem.

Mas, para minha surpresa, a reunião foi rápida e os comentários se limitaram a orientações para "pegarmos" mais os caras, que nos mantivéssemos sempre soberanos e não deixássemos as boas oportunidades escapar. A reunião foi encerrada a seco, sem um aperto de mão ou um "é isso aí, garoto" do meu chefe. Comentário que, talvez, já indicasse que eu estava no caminho certo. Mas o pessoal da mesa de operações, ao contrário, era só elogios para mim. Então, segui confiante.

Pensei que, de repente, meu chefe queria esperar um pouco mais para reconhecer meu trabalho e ter certeza de que eu não estaria tendo apenas uma onda de sorte. No segundo mês de trabalho como operador, após as idas e vindas do mercado, e seguindo os recados da última reunião, fiz mais que o dobro de resultado, e cheguei a R$ 50 mil!

Mais uma reunião e eu sonhando com algum reconhecimento, pois estava produzindo o mesmo volume que os dois filhos do Italiano. Mas o que eu não havia entendido ainda é que, de alguma maneira, meu desempenho o incomodava. Tentava entender se era por eu ser muito novo ou pela minha origem humilde. O fato é que meu chefe não me elogiava e, ao contrário, sempre caçava brechas para me criticar. Aquilo me deixava louco e dessa vez não aguentei e o convidei para uma conversa em particular:

– Você não acha que eu tenho que ter algum tipo de reconhecimento pelo que venho fazendo? – perguntei.

– O que você vem fazendo é pouco. Está perdendo muita oportunidade. Quando você começar a fazer mais do que o número que você fez este mês, aí você começará a ganhar 5% em cima do seu resultado. Senão, para mim, fica complicado – disse meu chefe.

Ele deixou o recado e saiu da sala. Fiquei furioso e pensei o que poderia ser complicado para ele? Do que ele estava falando? Comentei com o pessoal da mesa e a opinião foi unânime:

– O cara é louco.

No mês seguinte, ultrapassei a meta estipulada por ele. Fiz R$ 65 mil de lucro. A reunião do mês não aconteceu, mas ele depositou os 5% combinados. Essa foi, sem dúvida, a primeira grande vitória financeira que me fez entender o quão rápido minha capacidade de produzir resultados estava avançando.

Eu ainda tinha 19 anos e já ganhava mais do que minha mãe, com suas aulas particulares de espanhol. Meus amigos do bairro ainda procuravam o primeiro emprego e eu já "surfava" no mercado financeiro e conhecia o consumo de qualidade de roupas, baladas, entre tantas outras coisas que só com dinheiro é possível conseguir. E eu queria mais, tinha sangue nos olhos e já me pegava brigando com os caras do mercado, quase saindo no tapa, para defender meu crachá de operador.

***

No mês seguinte, bati novo recorde e cheguei aos R$ 70 mil de resultado financeiro. Nesse momento, minha ousadia de negociador ultrapassou os limites da roda do pregão. Ouvindo as histórias dos operadores mais experientes, entendi que a vida tinha outras formas de negociação e que o mundo lá fora era um operar constante e que, por vezes, o blefe podia ser uma boa cartada.

Então, resolvi jogar mais pesado e cheguei em um dos filhos do dono e disse que tinha recebido proposta para ir para outra corretora para ganhar 10% sobre o financeiro. Mas expliquei a ele que sair de lá não era o meu desejo naquele momento. Imediatamente, o rapaz falou com o pai e retornou com nova proposta: passaram a me remunerar com 10% dos meus resultados. Fui obrigado a aceitar!

No entanto, o mercado de DI já estava em extinção no pregão, onde eu vinha fazendo escola na negociação à base do grito, e passaria a ser operado apenas pelo sistema eletrônico, o que não permitia que eu melhorasse muito a minha performance. Talvez, por isto, foi tão fácil a corretora dobrar o índice da minha participação, pois aumentar o financeiro naquele processo de transição não seria tão simples.

Na verdade, a onda eletrônica das operações do mercado financeiro começava a se avizinhar. Os comentários eram de que o mercado de DI seria negociado apenas por via eletrônica e, portanto, não haveria mais negociações do ativo no pregão. Isso só seria feito pelos computadores, nas mesas das corretoras.

Apesar de integrar a chamada Geração Y, considerada a que mais presenciou avanços tecnológicos no século passado, aquilo para mim parecia uma loucura impossível de dar certo. Eu não me cansava de me perguntar como, utilizando uma máquina, seriam feitas negociações apenas a partir de cliques. Muita gente desacreditava, embora soubéssemos que as Bolsas ao redor do mundo já vinham testando essa nova forma de operar havia algum tempo.

Com o mercado de taxa de juros acabando, novamente fui obrigado a mudar de produto e aprender tudo sobre riscos e oportunidades. Fui transferido para a roda do Índice Bovespa Futuro, que trabalha em cima da projeção do Índice Bovespa à vista. Para explicar o potencial gerador de adrenalina daquela roda de negócio, alguns operadores recorriam à analogia com as drogas, dizendo que o dólar estava para a maconha, assim como o Índice Bovespa Futuro estava para a cocaína. Como minha adrenalina era produzida, exclusivamente, pela loucura do mercado, resolvi testar operando e logo comprovei a veracidade do exemplo.

O índice reflete o comportamento médio de cerca das sessenta ações mais importantes da Bolsa, então oscilava sem parar, muito diferente do DI, até porque era três vezes maior que o tamanho da roda de juros. Não foi fácil entrar ali, por mais que já estivesse há algum tempo operando. Cada nova roda de negócio trazia uma emoção diferente. Era como se ninguém lhe conhecesse e como se você ainda fosse um novato.

Passei a trabalhar junto com os operadores mais velhos do pregão e os mais "malandros" também. Foi difícil conseguir um espaço entre tanta experiência. Voltei à categoria "moleque" e ninguém queria dar espaço para um operador de apenas 19 anos, já que minha idade era, em muitos casos, o tempo que a maioria daqueles profissionais tinha de pregão. Mais um vez fui abrindo caminho, sem pressa, me fingindo de morto, tentando aprender.

Neto, o terceiro operador da corretora, também negociava índice futuro e sempre dizia que ali eu teria de me impor, sem dar mole, pois não era lugar de amigos. Aquelas palavras pulsavam na minha cabeça e eu pensava que teria de ir para cima e deixar, mais uma vez, o medo de lado. O jeito era um só: aprender e operar, nem sempre nessa ordem. Comecei meus primeiros negócios tranquilo, gritando pouco, com as pessoas me ignorando e dando risada. Assim fui fazendo meu financeiro tranquilo, sem muito alarde.

Conforme o tempo foi passando, as pessoas começaram a se acostumar com a minha presença na roda e já trocávamos opiniões sobre tendências de mercado. Aos 20 anos de idade eu já era um deles, mas claro que tinha muito a aprender ainda. A minha força de vontade não poderia se sobrepor à experiência de vida daqueles veteranos.

Os *scalpers*, por exemplo, dinossauros do mercado financeiro, tinham prioridade nas ordens das corretoras, o que me deixava furioso. Sinceramente, não entendia por que eu dava voz de compra primeiro que um *scalper* e, ainda assim, ele sempre levava o lote no meu lugar.

A vantagem desses profissionais baseava-se no relacionamento estreito e diferenciado que mantinham com os operadores do pregão, com premissas de reciprocidade comercial e regras que os tornavam invencíveis, sobretudo frente à minha ingenuidade de menino em início de mercado.

Mas, do meu jeito, aprendi a ser um deles e em pouco tempo me tornei um operador forte no pregão, visto como um verdadeiro *trader* de mercado à medida que os meus resultados financeiros passaram a bater na casa dos R$ 100 mil, R$ 200 mil, R$ 500 mil, ao mês. Era uma loucura...

11 – Silêncio e dor

Eu e os demais operadores continuávamos fazendo o diabo na Bolsa, com grandes posições financeiras, peitando bancos, fundos de investimentos, gringos, enfim a sensação era de que eu havia conquistado o paraíso para a eternidade.

Não sabíamos mais nem o que fazer com tanto dinheiro. Se a essa altura, com 21 anos, remunerado apenas com um pequeno percentual da minha produção financeira, eu me sentia poderoso, imagine quanto lucrava meu chefe sendo dono de uma corretora. Certo dia, ele chegou a confessar que estava ganhando tanto dinheiro que sentia vontade de jogar pela janela! A verdade é que todos nós estávamos muito bem, os donos de corretora, os operadores, os auxiliares. Era uma festa só.

O momento coincidia com a alta da economia brasileira, o presidente Lula era o queridinho de muitos políticos e a Bolsa de Valores ia de vento em popa. Eu vivia uma verdadeira lua de mel com a vida e desfrutava dos benefícios que o dinheiro me trazia.

Eu sempre pensava que, independente de dinheiro, era preciso saber curtir a vida. Quando ia de ônibus para as baladas, eu via os caras de carro importado e batia uma inveja. Como defesa, pensava que eles eram uns babacas que não sabiam curtir. Sentia que, com meus amigos da periferia e minha boa lábia, aproveitava mais. Mas eu estava errado e percebi que, com dinheiro, as coisas podiam ficar mais interessantes.

Da mesma forma que os mais ricos do pregão tinham sido minha referência para crescer na profissão, agora eu ouvia suas conversas para saber como gastar meu dinheiro. Eu queria saber aonde iam, como se vestiam, o que curtiam. Fui seguindo o roteiro das melhores baladas de São Paulo, casas noturnas, casas de *shows*, restaurantes caros, festas com "globais", camarotes de carnaval, enfim a glamurização passou a fazer parte do meu dia a dia.

Na minha nova vida endinheirada, comecei a viajar com frequência pela rota das melhores baladas da época que incluía Curitiba, Balneário Camboriú, Florianópolis, a ponto de todo fim de semana, ao sair às 16h do pregão, pegar um voo para um desses destinos. Na segunda-feira eu voltava morto, depois do final de semana movido a energético e termogênicos. No auge da curtição, acabei alugando um apartamento em Balneário Camboriú, perto de uma marina, pois estava cansado dos fins de semana em hotel. Aos 21 anos, eu tinha tudo que um rapaz nessa idade poderia querer.

***

Ainda naquele ano de 2006, começaram os boatos de que, assim como em outros países onde havia pregão, o sistema de negociação iria mudar no Brasil e se transformar em eletrônico. Significava dizer que não haveria mais gritaria e tudo seria negociado através dos computadores.

Em 2005, a Bolsa de Valores de São Paulo (Bovespa) já havia migrado 100% das negociações para o novo sistema eletrônico. Mas na BM&F, muita gente ainda acreditava que seria diferente, por se tratar de um mercado com um grande volume de negócios. Afinal, éramos uma grande vitrine referência em termos de Bolsa e isso não poderia acontecer com a gente.

Entramos em 2007 com a Bolsa "bombando", tudo em alta com a Era das Ofertas Públicas de Ações (IPOs) das empresas, que passaram a captar recursos financeiros com a abertura de capital em Bolsa. Junto com esse grande movimento de mercado, estava em curso a desmutualização da própria BM&F, que deixaria de ser entidade sem fins lucrativos para se transformar em empresa de capital aberto.

Com essa mudança, os antigos detentores de títulos patrimoniais passariam a ser acionistas. Ainda era meio difícil de entender, mas a própria Bolsa iria abrir o capital e os donos de corretoras seriam sócios junto com os *scalpers*, que atuavam como autônomos. Por esse novo modelo, quem quisesse adquirir ações da empresa BM&F poderia comprar no mercado. Havia boatos de que o IPO da Bolsa iria abrir com o valor de R$ 8,00, o que já garantiria muitos milhões para os donos de corretoras e os *scalpers*.

Porém, para surpresa de todos, nos últimos dias de novembro de 2007 as ações abriram para serem negociadas pela primeira vez e o valor de saída era de R$ 20. A cotação máxima chegou a R$ 26 e a explosão de alegria entre corretoras e *scalpers* foi geral, pois para quem imaginava que o preço de venda inicial seria de R$ 8, não era nada mau ver a cotação 225% acima da expectativa. Isto significava muitos, mas muitos mesmo, milhões a mais no bolso daquelas pessoas que já eram bem afortunadas.

Os *scalpers*, que, no passado, teriam pago R$ 100 mil ou até R$ 1 milhão por um crachá para operar no pregão, agora tinham, aproximadamente, R$ 25 milhões nas mãos. Já no caso dos donos de corretora, os valores podiam ultrapassar centenas de milhões de reais, fora o lucro que eles já haviam tido com suas operações ao longo dos anos no pregão.

Em volume de dinheiro, foi a coisa mais surpreendente que vi na minha vida. Muitas pessoas que não tinham nada enriqueceram, imediatamente, a partir da abertura do capital da BM&F. E quem era rico ficou com mais dinheiro ainda. Agora, sim, eles realmente poderiam jogar dinheiro pela janela.

Em meio a toda aquela euforia financeira, o Italiano deu algumas poucas ações por tempo de casa aos funcionários. Era quase nada perto do que ele e seus pares de mercado ganharam. Mas ele tinha um critério muito peculiar de justificar uma recompensa, pelo qual nunca era você que o ajudava, mas sempre ele que lhe dava oportunidade e, portanto, merecia gratidão.

Sinceramente, eu não pensava muito nisso, tampouco meus outros colegas de trabalho. Como ganhávamos bem, não nos preocupávamos com a falta de critérios mais justos de recompensa. Claro que produzíamos bem, mas a falta de reconhecimentos dos nossos esforços não nos atingia mais financeiramente.

***

Após a pujança econômica do ano anterior, 2008 chegou influenciado pelo terror das Bolsas provocado pela crise imobiliária americana. Como efeito cascata, por aqui a Bolsa refletia as sucessivas quedas do mercado internacional. Para mim, que estava no pregão fazendo *trade*, não importava muito.

Como eu não trabalhava para clientes, as crises, ao contrário, eram muito boas para eu ganhar ainda mais dinheiro com a venda, principalmente, do índice futuro ou compra do dólar futuro, enquanto a maioria só perdia. Isto porque 90% do mercado são compradores que não entendem que também é possível ganhar dinheiro na venda. A especulação, então, corria solta e, enquanto o mundo quebrava, eu fazia meus maiores resultados financeiros.

Foi nesse mesmo ano, em meio às turbulências internacionais, que anunciaram a fusão da BM&F com a Bovespa, surgindo a BM&FBovespa, o que agitou ainda mais o mercado local.

As intempéries dos mercados externos continuaram por todo o ano de 2008, que, entre outros fatos econômicos, foi marcado pela falência do banco Lehman Brothers, que entrou para a história como a quebra do século. Nossa economia, que vinha aquecida no primeiro semestre, sofreu forte impacto, a exemplo do resto do mundo. E assim o ano seguiu até o final, assustando os maiores mercados financeiros do mundo.

O ano seguinte começou com a ressaca econômica deixada por 2008 e, em meio a tantas mudanças, aumentavam também os rumores de que nossa vida no pregão estava com os dias contados. O mercado DI já havia minguado e dado sinais de que os outros ativos também passariam a ser negociados apenas pelo sistema eletrônico. Acompanhei o encerramento um a um. Na sequência do DI foi o agrícola, depois o dólar futuro e, por último, foi a vez do índice futuro, que apenas nós operávamos. Aquela área gigante do pregão, onde pouco tempo antes havia muitas rodas de negociação, com pessoas disputando espaço e a melhor posição de negócio, agora só tinha uma, a nossa.

No começo, pensamos que a taxa de juros tinha virado negociação eletrônica apenas porque era um mercado que oscilava pouco, diferente do dólar e do Índice Bovespa Futuro, por exemplo. Ainda assim, desconfiávamos se realmente aquilo daria certo. Não queríamos acreditar no fim do pregão. Por isso, alimentávamos a ideia fantasiosa de que os negócios eletrônicos, sem a efervescência do pregão, não dariam certo e que mesmo o DI retornaria à forma única e tradicional de negociação dentro das Bolsas, com o bom e velho grito dos operadores.

Mas os diretores, e até o presidente da BM&F, passaram a fazer reuniões constantes no pregão, para avisar que o sistema caminhava para o fim das operações para todos os ativos e não apenas para o DI e que isso se daria ainda em 2009. Essas notícias foram gerando uma espécie de pânico nas pessoas, a Bolsa passou a oscilar pouco e o dinheiro ficou escasso, não para os acionistas da Bolsa, claro, que na mesma época continuavam a se ocupar com a troca de barco, carro, casa, aqui ou pelo mundo afora, para aproveitar os ganhos milionários obtidos com a abertura do capital da BM&F. A coisa estava pegando mesmo para quem dependia de ordem e era funcionário ou que, assim como eu, dependia do pregão para viver.

Essas reuniões eram muito estressantes e tristes, pois muitos operadores, pais de família, questionavam os diretores sobre qual seria o futuro deles, já que a categoria da qual faziam parte seria, simplesmente, extinta. Eram centenas de operadores de pregão – apenas uma pequena minoria havia sido encaixada nas mesas de operações das corretoras –, com idades acima de 40 anos e que só sabiam fazer aquilo na vida.

A pergunta era uma só: para onde mandar tantos profissionais com salário, em média, acima dos R$ 10 mil? Naquela transição, que levaria todos os negócios do pregão para operações eletrônicas, tornando as decisões anônimas, atrás dos cliques em computadores, era óbvio que as corretoras e os bancos dariam prioridade a estagiários nascidos na Era Digital e dispostos a ganhar R$ 1,5 mil, apenas para apertar uma tecla de computador.

***

Nesse clima de incertezas e caos no qual se transformou o ambiente do pregão pré-encerramento, cheguei a presenciar alguns surtos de colegas que não se conformavam em perder o emprego.

Um caso, infelizmente, foi trágico e envolveu um operador de um grande banco. Após os primeiros rumores de que o pregão iria chegar ao fim, ele recebeu afastamento médico para se tratar de uma depressão. Meses depois, retornou ao trabalho, justamente na fase terminal da operação da Bolsa. Ele ainda parecia estranho, muito quieto, mal respondia à abordagem dos amigos. Pensamos que fossem os efeitos dos remédios que continuava a tomar.

De repente, ouvimos um estrondo muito forte e pensamos que fosse algum gerador com problema ou estouro de uma lâmpada. Alguns funcionários se deitaram no chão, enquanto outros saíram correndo e eu fui no embalo, sem saber o que estava acontecendo. Enquanto eu corria, olhei para o lado e pude ver que o estouro que ouvimos fora um tiro. Nosso colega, que voltara do tratamento da depressão, havia atirado contra o próprio peito. Ao passar correndo para sair do pregão, eu o vi deitado no chão e sangrando muito. Uma cena realmente horrível, que só aumentou a tensão de todos nós que esperávamos pelo final do pregão. Felizmente, o socorro chegou rápido e ainda foi possível salvar a vida do nosso colega.

Claro que nada justificava a tentativa de suicídio, mas, para as pessoas que já tinham alguma dificuldade emocional ou alguma patologia mental, era difícil assimilar aquelas mudanças, principalmente para os mais velhos, que tinham feito daquele lugar a única realidade profissional que conheciam e da qual tinham domínio. Para eles, era como perder o oxigênio e o próprio sentido da vida.

***

Finalmente, chegou o dia 25 de julho de 2009, certamente, um dos dias mais tristes da minha vida. Era a data do término do pregão e eu preferi viajar. Fui tratar da dor na Bahia, bebendo, fumando, dançando, para esquecer, ainda que temporariamente, o que estava para acontecer. Era como se meu império estivesse ruindo. Eu pensava nos tantos amigos que havia feito ali, se ainda seríamos amigos ou se nunca mais os veria. E o que faria com tudo o que lutei para aprender? Como eu ganharia dinheiro?

A Bolsa reconhecia que aquela decisão de encerrar o pregão resultaria em sérios prejuízos aos profissionais que dependiam do mercado. Por isto, tratou de fazer um plano de capacitação para os operadores de pregão. Até comecei a fazer o curso, mas parei logo no começo porque considerei o conteúdo fraco demais. Na verdade, o chamado curso de capacitação era apenas uma tentativa da Bolsa de reparar as dificuldades que o fim do pregão traria aos veteranos que operavam na casa.

Mas de nada adiantaria, ainda que a Bolsa demonstrasse alguma boa intenção em capacitar seus futuros desempregados, se a mesma iniciativa não fosse adotada também pelos bancos e corretoras. Hoje em dia, dos milhares de operadores que passaram pelo pregão viva-voz, são raros os que estão nas mesas de operações dessas instituições. Por outro lado, preciso ser justo e confessar que muitos deles não fizeram o menor esforço para se capacitar ou se preparar para o amanhã. A maioria ficou à espera de uma nova oportunidade que, com certeza, eles agarrariam, mas o "milagre" não aconteceu.

No final do pregão, muitos amigos foram maltratados e alguns não puderam nem entrar nas corretoras onde trabalhavam. Um deles sequer conseguiu entrar na corretora para pegar sua carteira de trabalho. Foi recebido no *hall* do prédio, o que o deixou, com razão, muito indignado, pois havia passado boa parte da vida servindo aquela empresa. Porém, outros donos de corretora procuraram demonstrar alguma generosidade, ao dar oportunidade para que os veteranos, ao menos, tentassem se enquadrar à nova realidade operacional. Mas a iniciativa só deu certo para uma minoria.

Em meio ao desespero de ficar sem emprego e não saber onde se recolocar profissionalmente, muitos ex-operadores também passaram a processar as corretoras onde trabalharam. Alguns ganhavam a causa, enquanto outros não. Em resumo, logo que o pregão foi encerrado, os primeiros meses foram um jogo de tudo ou nada para os operadores que não conseguiram se recolocar no mercado. Processar os ex-patrões fazia parte da sobrevivência.

As dificuldades da mudança para o eletrônico atingiram, em especial, pequenas e médias corretoras. Muitas delas, com o dinheiro ganho nas IPOs, acreditavam que deveriam investir pesado em tecnologia para terem maior velocidade e melhor preparo para esperar a volta dos clientes. As decisões de investimento incluíram sedes modernas em prédios caros, nos endereços mais badalados de São Paulo. Mas os clientes não vieram.

Com o mercado americano em crise profunda, a Europa dando sinais de recessão e o Japão tendo saído de um tsunami devastador, não havia mais tanto dinheiro circulando no mundo.

As corretoras ficaram às moscas, com o peso dos investimentos e sem retorno do capital. O caminho de salvação para muitas foi a fusão, para tentar diluir os custos. Outras corretoras saíram dos endereços luxuosos e foram se readaptando à nova realidade econômica brasileira.

As pessoas estavam muito descrentes do mercado financeiro, pois numerosos investidores haviam quebrado com a crise, deixando um rastro de desconfiança em relação ao mercado, já que as histórias ruins sempre se espalham mais do que as boas. Com a operação exclusivamente eletrônica, a Bolsa de Valores, mais do que nunca, era vista como algo para loucos. E como no Brasil a taxa de juros praticada era uma das mais altas do mundo, por que as pessoas colocariam seu dinheiro em algo tão arriscado?

***

Depois de alguns dias na Bahia, voltei a São Paulo e tive de encarar a nova realidade, que não mais incluía as emoções do velho pregão.

Fui direto para a corretora do Italiano escolher um lugar na mesa de operações, onde eu tinha começado minha trajetória no mercado financeiro. Ali era estranhamente silencioso. Encontrei a rapaziada que tinha me auxiliado no pregão e que já operava na mesa há algum tempo. Com certeza, aquele pessoal tinha mais habilidade do que eu no computador.

Mas esse não seria o problema. Para mim, era questão de tempo para voltar a "matar" os caras pelo computador também. Apesar da pouca idade, agora com 23 anos, eu já era maduro no mercado financeiro e estava calejado no trato da coisa. Aqueles seis anos que enfrentei entre trotes, perdas e ganhos haviam me deixado um saldo financeiro confortável. Agora, minha pressa era para aprender quais botões do computador me fariam continuar alimentando meus lucros.

Ao invés de duzentos homens gritando que compravam ou vendiam, agora eu interagia com anônimos sentados em frente a um computador, observando duas fileiras cheia de números, enquanto aguardavam minhas decisões de negócio. Uma fileira de números correspondia a quem queria comprar e a outra a quem queria vender. Era uma espécie de leilão, no qual as melhores ofertas de preço apareciam como um monte de números pulando na minha frente.

Comecei a clicar igual a um louco, com um misto de fúria, pressa e revolta. Queria castigar quem quis acabar com o pregão, operando grande, vendendo, comprando, mas o mercado não estava nem aí, nem se mexia. Era muito diferente do pregão, onde nós é que fazíamos o mercado andar e a roda girar. Agora a operação era sem emoção.

Aquilo era horrível para mim, que havia sido treinado à base de gritos e adrenalina. Eu estava sofrendo uma espécie de crise de abstinência da loucura do pregão.

No lugar dos meus amigos malucos, agora existiam "robôs" que nada mais eram que algoritmos que entravam e saíam do mercado, em milésimos de segundos, fazendo operações em diversos ativos ao mesmo tempo. Os robôs, então, travavam os movimentos. O mercado agora estava diferente do que eu havia aprendido e minha briga era cibernética.

Como todo aprendizado no mercado financeiro, isso me custou muito dinheiro. Percebi que seria possível ganhar ou perder nas mesmas proporções, dependendo das posições de negócio. Porém, eu jamais viveria a mesma emoção do pregão, pois faltavam energia e calor humano.

Minha adaptação foi catastrófica. Mas tudo bem, pensava, afinal eu estava aprendendo. Para piorar, o Italiano decidiu mudar as regras do jogo e passou a debitar da minha conta qualquer operação de perda, como se eu fosse cliente. Parecia que ele havia se esquecido de que sua fortuna, em parte, havia sido construída com a minha ajuda e de toda equipe, pois são os operadores que ajudam uma corretora a ficar em pé.

Eu não podia acreditar naquilo e fui conversar com ele. Sua justificativa era de que "não estávamos mais ganhando tanto dinheiro" e que eu deveria produzir, no mínimo, R$ 30 mil mês para ter participação no resultado financeiro. Com isso, o Italiano estava criando um resultado financeiro mínimo para eu produzir e poder ganhar participação. Aquilo nunca havia existido.

Percebi que, naquela altura da vida, ele não queria mais nenhum tipo de dor de cabeça, pois, afinal, ele havia "pegado os caras" para sempre, como ele sempre dizia quando queria nos dar ordem de comando para ganharmos mais dinheiro. A onda das IPOs de 2007 havia rendido ao Italiano uma boa fortuna.

Aquela conversa doeu tanto que eu não consegui nem me expressar. Meu chefe levantou, tirou os bolsos da calça para fora vazios e disse:

– Estou duro, meu filho!

Definitivamente, o mercado era cruel, não tinha paixão e nem amizade. Com o Italiano, eu aprendi as maiores lições da minha vida profissional. Ele me ensinou a operar sem dó, a não misturar dinheiro com emoção, a vender e vender muito, cada vez mais. Porém, havia algo nele que eu nunca quis usar como exemplo: o Italiano tinha dificuldade no trato com as pessoas.

Era impressionante que, exceto os filhos, ninguém gostava de trabalhar com ele. Mas, independente de qualquer coisa relativa ao seu estilo frio, meu chefe era um excepcional ganhador de dinheiro e isso ninguém podia questionar. Talvez por saber da sua força nessa área ele não se importasse em parecer gentil. Deixava claro que não estava ali para fazer amigos, mas, sim, para arrancar dinheiro do mercado. Se a era das operações eletrônicas já não precisava tanto das pessoas para produzir dinheiro, era evidente que para meu chefe também não seria hora de sentimentalismo, mas de fazer mais negócios!

Após essa conversa, não havia mais motivação para eu permanecer naquele lugar. Pouco a pouco, outras pessoas saíam da corretora, deixando-a cada vez mais vazia e sem vida. O Italiano ficou apenas com os dois filhos. Dinheiro já não era mais problema para ele, então, certamente, não precisaria de mais pessoas.

Nos dias seguintes, eu só pensava em como recomeçar minha carreira. Ainda que sem a emoção do pregão, eu não cogitava abandonar a profissão. Afinal, eu só sabia fazer aquilo, desde meus 17 anos. Foi operando no mercado financeiro que eu havia mudado minha história financeira e a de minha família. Era difícil me imaginar em outra carreira profissional e, inicialmente, pensei em ingressar em alguma grande instituição bancária.

Como todo operador recém-saído do pregão, fui tentar operar a minha própria grana. Mas eu era peixe pequeno perto dos grandes tubarões que estavam na mesa. Às vezes, não ganhava nem perdia, mas operava tantos lotes que a mesa de risco recebia ligações de bancos, de operadores, querendo saber quem era que estava do outro lado.

Logo percebi que a frieza da máquina tinha um lado muito perigoso, porque agora, quando eu tomava uma posição, comprado ou vendido, já não existia mais ninguém me olhando. Era eu, por mim mesmo, numa perigosa briga solitária. No pregão, apesar de toda a guerra que se formava, havia um ambiente mais generoso no qual você se orientava pelas emoções à flor da pele demonstradas pelos pares de negócio e por uma centena de olhares lhe incomodando quando você perdia dinheiro. Bastava assumir o prejuízo zerando a operação e partir para outra.

Agora, no computador, é tudo muito frio e solitário. Porém, ficamos mais teimosos e não queremos assumir a perda. Parece tão simples apertar o botão e dobrar ou triplicar a posição. Se estamos mal vendidos, vendemos mais, pois o mercado teria que voltar, mas, em grande parte das vezes, isso não acontece e o prejuízo pode ser enorme!

Na fase de adaptação, vi muitos dos meus colegas ex-operadores de pregão perderem muito dinheiro e, às vezes, todo o patrimônio que demoraram uma vida para construir. Poucas pessoas sobreviveram, algumas pararam de operar em tempo de preservar algum patrimônio, outras perderam muitas vezes o que nem tinham para perder. Mas quem disse que seria simples? A verdade é que estávamos mal acostumados. Por algum tempo, o dinheiro veio muito fácil para nós. Era hora de reaprender a jogar.

12 – Emoções saudáveis

Com o final do pregão da Bolsa, as *happy hours* da turma do mercado financeiro ficaram diferentes e cada vez mais raras.

Os convites para o bom uísque de final de tarde ou aquele charuto que nos ajudava a relaxar já não rolavam mais. Os encontros com os ex-operadores, quando aconteciam, na maioria das vezes eram para a troca de histórias tristes sobre alguém que havia perdido todo o patrimônio, estava em depressão ou já havia morrido.

Para manter os laços de amizade, os operadores que conseguiram permanecer nas mesas de operação acabaram por encontrar ferramentas na própria tecnologia para criar redes de relacionamento, em tempo real, e garantir que nossas conexões de amizade não fossem rompidas com o fim do pregão. No nosso ambiente virtual, conseguimos nos atualizar, papear, tirar aquele sarro, ainda que sem as emoções dos velhos trotes e, de vez em quando, ainda nos encontramos para tomar uma boa cerveja gelada. Os novos tempos passaram a ser regados a muita tecnologia e menos impulsos emocionais.

Não havia outra solução, senão aceitar que o pregão da Bolsa, com aquela gritaria, adrenalina e olho no olho, nunca mais existiria. Quem viveu, nem que por um único momento, a oportunidade de estar no meio daquele bando de loucos – inimigos e amigos ao mesmo tempo, *traders*, operadores, auxiliares, repórteres, câmeras, diretores, chefes de posto, CMAs (como eram chamados os funcionários diretos da Bolsa) – com certeza nunca esquecerá a emoção que era o dia a dia de operações nas Bolsas de Valores.

O avanço tecnológico, por mais necessário que seja, não traz só benefícios. A reboque das facilidades que cria para os negócios e para a vida das pessoas, a tecnologia também deixa sua marca de hostilidade, na medida em que, como fez no mercado financeiro, represa ou camufla emoções naturalmente humanas ou promove a quebra de um rotina minimamente permeada por emoção. Operar no mercado financeiro apenas por computadores nos deixou o vazio causado pela ausência de uma emoção e uma ebulição que jamais a máquina poderá reproduzir.

Mas, enfim, a mudança já era realidade e a única saída era acompanhá-la, para não ser engolido pelas novas regras do jogo. A tecnologia, finalmente, havia tomado conta não apenas do nosso espaço de trabalho, mas também da nossa alegria pela convivência pessoal.

Para mim, o ponto crucial foi perceber que, a partir daquela mudança, o mercado podia me tomar dinheiro não mais de lote, mas de caminhão, sem dó nem piedade. Eu precisava me adaptar às novidades do mundo digital, aos microssegundos que separavam minhas decisões do sucesso ou do fracasso. Estava acontecendo tudo rápido e de uma forma muito cruel.

***

Ao ver tantas mudanças que impunham riscos, inclusive de afetar o patrimônio que eu havia construído com tanto sacrifício, resolvi que era hora de dar um tempo. Nessa época, meu irmão mais velho morava no Panamá. Resolvi comprar uma passagem só de ida para lá. Sentia que estava surtando e tinha de me proteger.

Precisava respirar depois de tantos anos plugado em 220 volts, justamente no período da minha vida que compreendeu o final da minha adolescência e já tinha invadido boa parte da minha juventude. Por seis meses, viajei sozinho e gastei dinheiro sem medo. Passei por Costa Rica, Cuba, Europa e voltei para o Panamá.

Na retorno para o Brasil, já em 2010, tomei outra decisão transformadora: fui morar sozinho. Não havia motivo para continuar na casa dos meus pais. Aos 25 anos de idade, eu já estava com uma condição financeira muito confortável, a ponto de ter ajudado meus pais na compra de uma boa casa e não deixar faltar nada nem do básico, nem de conforto para eles. Desde que minha família chegou ao Brasil, em 1995, meu pai permaneceu na Vila Santa Catarina, na periferia de São Paulo, onde na época ele conseguiu fixar residência.

Lá eu cresci e fiz grandes amigos que preservo até hoje. Mas o dinheiro que ganhei, com tanta luta, já permitia que eu compartilhasse com minha família parte do meu sucesso. Melhorar a vida dos meus pais fazia parte dos meus sonhos e dos prazeres que meu sucesso profissional me permitia usufruir. Eu havia acumulado um bom dinheiro, comprado meu primeiro carro zero quilômetro e já começava achar que a vida era realmente bela, à medida que eu descobria lugares de que, antes do dinheiro, eu apenas ouvia falar.

***

Morar sozinho, então, passou a ser uma decisão natural para um jovem bem sucedido. Mas, talvez, o momento da minha decisão não tenha sido na minha melhor fase psicológica. Eu ainda tinha um sentimento de fúria contida em relação aos terminais eletrônicos que passaram a ser usados na operação do mercado financeiro. Era como se esse sentimento tivesse se personificado naquelas máquinas, sobre as quais eu não tinha o menor controle, mas desejava destruir.

Sabia que do outro lado existiam pessoas anônimas, com as quais era impossível exercitar qualquer espécie de contato. Minha memória operacional era toda vinculada aos vícios do pregão, onde podíamos blefar e ter certa influência na geração de tendências, derrubando ou alavancando os preços.

A minha obstinação para entender a nova dinâmica do mercado, somada à nova experiência de morar sozinho, acabou despertando meu segundo surto emocional. Passei a jogar pôquer, apostar em corrida de cavalos, em *sites* de esportes e a perder o controle nas operações de mercado. Ficava até 20 horas na frente do computador, enfrentando os inimigos imaginários que eu passei a criar em minha mente nervosa.

Acabei entrando no *overtrading*, que me colocava em alto risco de morte financeira, e passei a operar alavancado como se fosse banco, girando muito negócio, e não mais pelo dinheiro, mas pelo simples prazer do jogo. No final do mês, observei que, quanto mais eu operava, menos eu ganhava.

Nesse momento também entendi que o dinheiro não voltaria a entrar com a facilidade de antes, se eu continuasse a insistir em operar com a velha estratégia. Eu precisava parar e me afastar de tudo aquilo, para observar, de longe, como o resultado financeiro positivo poderia retornar às minhas mãos.

Tentei controlar meu desespero com uma série de atividades paralelas. Me matriculei em academia de ginástica, curso de inglês, tênis, luta, comecei uma pós-graduação, tudo para preencher meu tempo e me manter longe das apostas do *overtrading*.

Mas nada que eu inseria na minha agenda parecia ser suficiente para acalmar minha sede de "apostas". Então, em 2011, optei por uma solução clássica entre os desesperados, com algum dinheiro no bolso: fui viajar novamente. A próxima parada foi San Diego, na Califórnia, nos Estados Unidos, com a ideia de melhorar meu inglês em algum curso de um ano, o tempo que pretendia permanecer por lá.

O problema é que, quando temos algo incomodando de dentro para fora, não adianta apelar para as viagens, porque o desconforto acompanha a gente.

O curso de inglês acabou ficando para depois. Logo que cheguei a San Diego fui conhecer a cidade e evitava ler qualquer coisa que fosse sobre o mercado financeiro. Outra regra que impus foi me manter longe da minha conta da corretora, para não correr o risco de uma recaída.

Eu estava indo bem na crise de abstinência do mercado financeiro, até que um dia, circulando pela cidade, resolvi parar em um *pub*. Enquanto tomava meu uísque, observei dois rapazes operando algum ativo. Não dava para saber ao certo o produto, mas percebi se tratar de Bolsa de Valores, algo bem comum nos Estados Unidos, onde operar no mercado financeiro não é privilégio para poucos.

Caí na tentação de me aproximar dos desconhecidos para me informar sobre como eu poderia fazer para investir no mercado. Não resisti e acabei abrindo uma conta em uma corretora local e, dessa vez, o prejuízo foi em dólar. Eu ainda não estava pronto para voltar a operar e perder dinheiro seria uma fatalidade anunciada. A emoção me traiu mais uma vez, pois meu objetivo com aquela viagem era "descontaminar", me mantendo bem longe do mercado.

Definitivamente, eu precisava sossegar, curtir meu ano sabático e sair daquela viagem com plena consciência e controle dos meus excessos cada vez que me colocava diante de um computador, com a obstinação de vencer o "novo" mercado. Nos dias que se seguiram, procurei aproveitar minha condição de turista, ficando longe de qualquer tentação que pudesse provocar minha recaída.

***

À medida que minha mente foi se acalmando, consegui refletir sobre outros sentimentos fortes que estavam presentes em mim, sem que eu me desse conta por tanto envolvimento com os números. Quando minha mente silenciou, foi possível ouvir o coração. Liguei para os meus pais de San Diego para avisá-los que havia tomado a maior de todas as decisões da minha vida. Eu iria me casar. A noiva ainda não sabia e nem havia dito que aceitava se casar comigo, mas eu estava certo da minha escolha.

Meus pais, que me conhecem muito bem, pediram que eu pensasse com calma antes de provocar transtornos na vida da moça. Eles consideravam que eu ainda tinha uma vida muito agitada para ser um bom marido. Mas, na verdade, eu não estava pedindo a opinião deles, apenas queria comunicá-los da minha decisão.

Em 2008, no auge da minha trajetória no pregão da Bolsa de Valores, eu conheci Fernanda. Desde então, nunca deixamos de nos ver, porém eu não assumia nossa relação como um namoro, afinal éramos da geração "ficante" e assim fui levando. Mesmo durante minhas viagens, não ficávamos sem nos falar e sempre tive nela um porto seguro, onde encontrava apoio e aconchego nas horas difíceis.

Mas em San Diego, após sete meses em viagem, comecei a perceber que ela estava ficando distante, talvez com razão, partindo para algo mais seguro e sólido. Parei para refletir e percebi que já havia conquistado uma carreira de sucesso, mas, por mais que o dinheiro sempre me causasse fascínio, a família é que era o meu norte. E eu via na Fernanda a mulher ideal para construir minha própria família.

Não poupei esforços para fazer meu pedido de casamento. Convidei a mulher da minha vida para me encontrar na Ilha Coronado, em San Diego. Afinal, nossa história merecia um grande cenário. Na sua chegada, estava tudo preparado como num bom filme romântico de Hollywood.

Eu havia comprado anel de noivado e reservado um passeio de gôndola com músicos italianos, durante o qual, sob a luz do luar, oficializei meu pedido de casamento. O sim de Fernanda foi como uma bifurcação na minha vida. Depois daquele momento mágico, já noivos em 2012, partimos para uma viagem pela costa sul dos Estados Unidos como uma pré-lua de mel. Em seguida, de volta ao Brasil, retomei a vida profissional com mais maturidade e, por que não dizer, com muito mais serenidade. Casei com Fernanda em maio de 2013 e nossa primeira filha, Giovana, chegou para completar nosso sentido de família em 9 de novembro de 2016.

Na madrugada daquela quarta-feira, no entanto, as atenções do mundo estavam voltadas para a eleição do novo presidente dos Estados Unidos. Ao redor do mundo os mercados oscilavam como nunca. Em uma situação como essa, minha atitude seria acompanhar cada movimento das repercussões pela Ásia, Europa até, finalmente, o mercado brasileiro abrir as operações. Afinal, a liderança mais influente do mundo estava para ser decidida.

Mas já era hora de desacelerar. Aquele foi um dos poucos momentos da minha vida de operador de Bolsa em que consegui desconectar de fato do mercado para atender a uma convocação da vida. Eu iria viver a experiência mais mágica da minha existência.

Junto com Fernanda, eu "entrei em trabalho de parto". É assim que me senti, focado integralmente na chegada da minha filha, pouco me importando o que o novo presidente dos Estados Unidos causaria na economia mundial ou no já tão fragilizado mercado brasileiro, por conta da nossa crise histórica dos últimos anos.

O menino estagiário da BM&F agora se transformava em pai de família, enquanto o mundo tremia com a vitória de Donald Trump, com derrubada das Bolsas e elevação do dólar. O choro de Giovana me acalmou e me deu um novo sentido para a vida. Hoje esse ser de aparência frágil, mas de imensa luz, é que recarrega minha energia diária para continuar a enfrentar os altos e baixos do mercado. Ser pai foi minha maior vitória.

13 – O melhor investimento

Minha volta ao Brasil, agora como noivo da Fernanda, marcou uma fase de amadurecimento pessoal e profissional em minha vida.

O meu primeiro R$ 1 milhão eu tinha feito aos 25 anos, dentro de um cenário onde eu havia sido forjado à base de gritos, euforia e troca de olhares que ora eram códigos de negócio, ora eram apenas a mira fulminante vinda dos concorrentes, nem sempre amigáveis.

Foi difícil entender que toda a técnica que eu havia dominado para fazer dinheiro no mercado futuro já não servia de muita ajuda para eu continuar minha escalada financeira. Aos 27 anos, com o ego um tanto inflado pelo passado recente de sucesso no mercado, eu só tinha uma saída: recuar três passos e, com muita humildade, reaprender a jogar o jogo.

Parei para pensar com calma e entendi que os *players* eram os mesmos, o que havia mudado era o nível de interferência humana no processo. O contato pessoal na época do pregão foi um grande facilitador, pois havia o *face reading*, algo em que eu fiquei muito bom com o passar do tempo. Apesar de ter uma personalidade agitada, sempre fui muito intuitivo e poder observar a reação das pessoas era essencial para minhas tomadas de decisão.

Eu não queria perder mais dinheiro com meu comportamento revanchista em relação ao fim do pregão. Aquela era uma nova ordem de mercado e não mudaria por conta da minha rebeldia. Se eu não cedesse e adotasse um comportamento mais aderente ao novo sistema, poderia perder minha boa condição financeira em pouco tempo, pois o mercado tanto permite ganho rápido de dinheiro como, agora, pode dragar todo o seu patrimônio ao toque de uma tecla.

A consciência sobre minha origem dizia que quebrar no mercado financeiro não causaria sérios danos apenas a mim. Minha escalada de sucesso profissional permitiu que eu melhorasse a vida de muitas pessoas da minha família. Então, qualquer ação negativa teria séria reação na vida daqueles que eu amo. Era preciso saber quando e onde tocar no teclado do "jogo" de mercado. Eu não podia errar.

Passei a observar os números nas telas impessoais dos computadores. Por cerca de dois meses eu só olhava atentamente o movimento dos indicadores e comecei a "viajar" naquelas informações. De repente, comecei a notar que, atrás daqueles índices, havia alguns comportamentos familiares. Era possível identificar a presença de operadores conhecidos, pelo velho jeitão de operar. Fui matando algumas charadas.

***

Depois disso, voltei com força total e comecei a ganhar muito dinheiro novamente. Mas logo entrei no *overtrading*, com grandes alavancagens financeiras que nem sempre se convertiam em lucros efetivos. Eu havia encontrado um novo jeito de me adrenalinar e os altos volumes que passei a operar me rendiam prêmios dados pelas corretoras; afinal, eu estava gerando muito lucro para elas através da corretagem. Mas quanto mais eu operava menos eu ganhava, então faltava ajustar a dinâmica.

Após uma fase operando como autônomo e agora já em paz com o mercado eletrônico, voltei a ganhar dinheiro de forma consistente, pois havia encontrado o novo eixo.

Algum tempo depois, meu amigo Neto, do tempo de BM&F, me convidou para um novo desafio, e é disso que eu gosto. A ideia era trabalhar com ele em uma *Asset*, para fazer a gestão de nossos investimentos e também para terceiros. Lá fomos nós para o novo projeto, marcado por uma fase muito boa.

À medida que nosso trabalho avançava, fomos ganhando notoriedade, o que culminou em novo convite, agora para eu e meu amigo sermos analistas de uma corretora de médio porte. Aceitamos o convite, porém com uma condição: mostrar em *real time* as operações durante o pregão eletrônico, pois acreditávamos ser esse um grande diferencial, já que ninguém fazia isto no mercado brasileiro.

Nossa proposta foi aceita e foi assustadora a aderência de interessados nas salas operacionais nas quais eu e Neto mostrávamos nossos resultados *online*. Passamos a ser seguidos por milhares de pessoas pelo país afora. Aquilo confirmava nossa ideia de que operar na Bolsa só se aprende na prática. Era evidente que nosso modelo de operação dava certo, em grande parte, porque operávamos ao vivo, o que gerava mais confiança entre os novos *traders*.

Tocamos o negócio até o final de 2014, quando a empresa para a qual trabalhávamos foi comprada pela maior corretora independente do mercado brasileiro. Nessa esteira, migramos para novo negócio como analistas com o mesmo modelo *real time* que nos destacou na corretora anterior.

Aquele menino ansioso pelo primeiro emprego, encantado com a adrenalina do pregão da BM&F, que comia churrasco grego na Praça da Sé, venceu a pressão dos veteranos do mercado e agora orienta, diariamente e em tempo real, milhares de investidores.

Minha determinação também rendeu o reconhecimento do próprio mercado. Nos últimos anos, a convite da atual B3 – novo nome da Bolsa de Valores, que após a fusão BM&F e Bovespa, em 2008, em março de 2017 associou-se à Cetip, formando a B3 (Brasil, Bolsa e Balcão) –, passei a ministrar curso de *Tape Reading* na instituição.

Investir na formação de *traders* para o formato eletrônico não era uma atenção da Bolsa. Mas, à medida que nossas salas *online* foram atraindo número cada vez maior de interessados, a instituição atentou para a necessidade de apostar em treinamentos de qualificação de quem deseja investir na Bolsa.

Tenho muito orgulho de formar pessoas para ingressarem no mesmo mercado profissional no qual conquistei minha estabilidade. Já formei milhares de pessoas e espero continuar a ajudar novos investidores no entendimento das técnicas de operação em Bolsa.

O Brasil ainda tem muito a se desenvolver para que a presença direta de investidores em Bolsa seja uma realidade, a exemplo de mercados maduros como os Estados Unidos. E, para que isso aconteça, é preciso que a informação esteja democratizada. Quero ajudar mais pessoas a operar no mercado, sem medo e com uma gestão prudente. O mercado, apesar da complexidade aparente, é como o mar: se você souber navegar com respeito, te leva longe.

***

O sabor da vitória ao custo do próprio esforço tem sempre gosto de coisa boa. Olhar para trás e lembrar de cada degrau que me trouxe à atual condição de um homem bem sucedido que, aos 32 anos, poderia se dar ao luxo de se aposentar, me dá a certeza de que fui privilegiado por uma personalidade marcada pela garra e por muito *fair play*, pois sem jogo de cintura não seria possível ultrapassar as barreiras que venci.

Mas não posso creditar apenas a mim os méritos do meu sucesso. A cada final de um dia de trabalho árduo, eu tinha para onde voltar. A casa era humilde, faltava conforto e, às vezes, até o pão, pois, como já disse, minha família chegou muito pobre aqui no Brasil. Mas havia algo que nunca faltava e que era essencial para eu ter força para continuar lutando no dia seguinte: amor. De um jeito muito próprio, meus pais, apesar de toda a dificuldade, tinham sempre um palavra de apoio e esperança, mesmo sem saber o que estava acontecendo comigo no subsolo da BM&F.

Apesar do meu jeito elétrico de ser, nunca fui de contar à minha família as angústias que, às vezes, colocavam à prova minha vontade de continuar a disputar um lugar naquele ambiente movido, exclusivamente, a dinheiro. De certa forma, foi uma luta solitária, porque sempre me preocupei em não decepcionar meus pais.

Era na minha família simples, sem dinheiro, sem luxo, que eu sempre encontrava o alicerce essencial para me manter forte e competitivo no mercado. A vida me premiou novamente ao encontrar uma companheira com o mesmo senso de união e amor sob o qual fui criado. Foi o olhar simples sobre a vida e o despojamento financeiro de Fernanda que me conquistaram. Ela sempre me dizia que a felicidade estava nas coisas mais simples. Quando entendi isso, ficou realmente tudo mais simples e prazeroso.

Dinheiro é, sim, algo muito bom, que melhora a qualidade de vida das pessoas. Mas hoje posso afirmar que o dinheiro sem família e sem valores consistentes de caráter pode ser uma droga letal, que mata tão rápido quanto a dose de importância que lhe for atribuída.

Ao longo dos 15 anos de mercado, me especializei na compra e venda de curtíssimo prazo – *day trading* –, operações que aprendi a fazer em milésimos de segundos, muito diferente da maioria dos investidores que cria carteiras de ações para se posicionar em Bolsa. Essa modalidade de negócio mudou para muito melhor a minha condição financeira. Mas o maior valor que acumulei na vida foi fora do mercado. Família não é negócio, mas foi o maior e o único investimento que fiz de longo prazo!